Les missions essentielles de la justice constitutionnelle en droit comparé français, béninois et congolais

Léon Odimula Lofunguso Kos'Ongenyi

Les missions essentielles de la justice constitutionnelle en droit comparé français, béninois et congolais

Préface de Jean-Louis ESAMBO KANGASHE

L'Harmattan
RDCongo

5-7, rue de l'École-Polytechnique 75005 Paris

http://www.librairieharmattan.com

ISBN : 978-2-343-24603-1
EAN : 9782343246031

Abréviations

ABJC	: Annuaire béninois de justice constitutionnelle
ACJC	: Annuaire congolais de justice constitutionnelle
AIJC	: Annuaire international de justice constitutionnelle
AFJC	: Annuaire français de justice constitutionnelle
Al.	: Alinéa
Art.	: Article
CEI	: Commission Electorale Indépendante
CENI	: Commission Electorale Nationale Indépendante
CSJ	: Cour suprême de justice
Conseil const.	: Conseil constitutionnel
Cour const.	: Cour constitutionnelle
Ed	: Editions
Et alii	: Et les autres
Idem	: Auteur déjà cité
Ibidem	: Auteur cité deux fois
In	: Dans
JORDC	: Journal officiel de la République Démocratique du Congo
LGDJ	: Librairie Générale de Droit et de la Jurisprudence
N°	: Numéro
Op. Cit.	: Ouvrage déjà cité
P	: Page

Pp	: Pages
QPC	: Question prioritaire de constitutionnalité
R. Cosnt	: Rôle constitutionnel
RDC	: République Démocratique du Congo
RDP	: Revue de droit public
UNIKIN	: Université de Kinshasa
Vol.	: Volume

Dédicace

A Christophe Mboso N'Kodia Pwanga

Président de l'Assemblée nationale
pour sa foi en la justice constitutionnelle
comme mécanisme de régulation
du bon fonctionnement des institutions politiques
et de protection des droits de la personne humaine.

In memoriam

Gabriel Otemakumi Ekanga,
mon père que le destin a arraché à mon affection
pendant que j'avais encore besoin de lui.

Remerciements

Toute ma gratitude se tourne vers tous ceux qui, de loin ou de près, d'une manière ou d'autre, ont soutenu mon effort dans la réalisation de ce livre et me témoignent d'une affection particulière. Je pense à Christophe Mboso N'kodia Pwanga, Modeste Bahati Lukwebo, Jean Michel Sama Lukonde, Jean-Marc Kabund-A-Kabund, Vital Banywesize Mukuzamuhini, Joseph Lembi Libula, Collette Tchomba Ntundu, Angèle Tabu Makusi, Jean-Pïerre Kanetu Munjiwa, Mossai Sanguma, Michel Kanyimbu Shindany, Nathalie Bulans'Sung Sanata, Carole Agito Amela, Kadima Ida, Daniel Aselo Okito, Christophe Lutundula Apala Pen'Apala, Chérubin Okende, Jean-Lucien Bussa Tongba, Célestin Dimandja, Berthold Ulungu, Dominique Khonde, Marceline Safala, Evariste Boshab Mabudj, Jean-Louis Esambo Kangashe, Véron On'Okundji.

Je suis également redevable à l'égard de Dieudonné Kaluba Dibwa, Félix Vunduawe, Clément Kabange, André Mbata Mangu, Jacques Djoli, Ambroise Kamukuny Mukinay, Zacharie Ntumba Musuka, Barthélémy Omeonga, Louis Yuma, Jean-Marie Mboko, Noël Botakile, Paul-Gaspard Ngondankoy, Georges Nsumbu Kabamba, Willy Makiashi, Fimpa Twison, Félicien Kalala, Léopold Kondaloko, Patrick Mende, Martin Mulumba, Charles Odiko, Jean Onaotsho, Jean-Pierre Lopaka Lodi, Lambert Eloko, Amedée Ibula, Gerry Sakata, Eddy Mwanzo, Prince Lutumba Joseph Ngwabika, Samy Samutondi, Taylor Lubanga, Gaston Tete Kabwa Kabwe, Henry Gerendawele, Joseph Tsimba Khonde, Marthe Odio Nonde, Germaine Diakiese, Bijou Tsanga, Binaki Brondy, Amando

Ongenyi, Madeleine Etanda, Niclette Odimula, Robert Odimba, Christian Yenyi Odimula, Jean Ekanga Odimula, Exaucée Diakiese Odimula, Madel Etanda Odimula, Gabel Ekanga Odimula, Benjamin Lomemba Odimula, Hélène Nzuzi, Benjamin Makamba, Robert Ndombi, Guillaume Kanyimbue, Laurent Onyemba, Inspecteur Okonyi, Roger Okonyi, Junior Ekanga, Nas Owanda Ongenyi, Boni Okonyi Ongenyi, Benjamin Ongenyi, Nadine Ongenyi, Nsimba Nzundu, Pascal Iyemopo Mpeti, Florence Bavuidi, Renia Binaki, Sylvain Lumu, Jeancy Dihohiya, Nicolas Mboso, Saturnin Tanga Ndandu, Samuel Mbemba, Jérémie Maswama, Aubin Minaku, Eberande Kolongele Cashmir, Emilienne Akonga, Pierre Lokendandjala Yoha, Jeef Weloli, Pierre Okendembo, Auguy Biselele, Samuel Lokolo, Edison Mutela, Clément Shamashanga, Salomon Omelungi, Fontaine Mitundukidi, Vinny Lundi, Boni Mpala, Childeric Ndosa, Pascal Mbambula, Aimé Fundji, Armand Lohecko, Martin Nkoy Akodi, Jean-Paul Owanga, Léon Mukanga, Claver Karenzi, Marcel Okundji, Nixon Mambuku, Landry Pongo, Calvin Dase Telo, Jean-Paul Muya, Coco Kayudi, Jean-Luc Djamba, Espérance Mputu, Samuel Ewala, Dieudonné Kkuma, Carlos Kalombo, Anicet Mushale, Michel Etina, Stella Nima, Roger Songambele, Henri Kibonge, Moïse Amadi, Willy Shimba, José Liongo, Antoine Liongo, Guylain Mwehu, Gerry Ngienda, Mamie Enongo, Jules Tokombe, Jean Obulu, Alexis Mbokola, Casmir Mpetshi, Mathieu Mateso, Théodore Ngoy, Albert Osepe, Albert Penadowo, Antoine Kalanda, Lambert Ohoto et Joël Muzungu Kalemwa pour leurs conseils et encouragements.

Que soient remerciés tous les autres amis dont les souvenirs restent gravés dans ma mémoire et que ces pages ne peuvent contenir !

Préface

A l'issue d'interventions de divers organes faisant office d'institutions de justice constitutionnelle dans nos pays africains, précisément au terme des processus électoraux menés bon gré mal gré, il est particulièrement rare de voir l'unanimité s'établir sur les décisions régulières des juges constitutionnels. L'opinion publique et les médias se font souvent une religion douteuse selon laquelle les cours et/ou conseils constitutionnels africains se conçoivent et se comportent uniquement en caisse d'enregistrement de la volonté de la classe politique au pouvoir. Souvent désignés de fait par les responsables à la tête des institutions d'État (le président de la République, les chefs des Chambres auxquels viennent s'ajouter des leaders de la société civile le plus souvent cooptés sinon tacitement imposés par les mêmes responsables d'institutions d'État), les membres des Conseils et/ou Cours chargés de faire respecter la Constitution n'ont souvent pas l'air de maîtriser la même Constitution. De là un scepticisme ambiant et peut-être quelque peu justifié : comment pourraient-ils exercer correctement les pouvoirs leur reconnus par la Loi fondamentale et par d'autres instruments juridiques connexes pourtant bien à leur portée ? Comment mettraient-ils en application les décisions qui s'imposent ?

En ma qualité de membre honoraire de la Cour Constitutionnelle de la RD Congo de la première mandature, je serais très mal placé si, par mégarde, je devais accorder la moindre crédibilité à cette imagerie trop populaire pour être prise suffisamment au sérieux. Loin de moi le soupçon de vouloir hurler avec les loups ou de jeter l'enfant avec l'eau du bain.

Tout au contraire dois-je tresser une couronne de fleurs à Léon Odimula Lofunguso. Il a eu l'ingénieuse idée de dissiper les nuages autour de principaux faisceaux de lumière qui guident et accompagnent l'action de la justice constitutionnelle. Ce qu'il appelle les « missions essentielles » de la justice concernant l'obligatoire sauvegarde et la nécessaire application de la Constitution est trop peu connu pour qu'on continue à en faire une sorte de chasse gardée.

A quoi servirait la justice constitutionnelle sinon *primo* à « *garantir et protéger la suprématie de la Constitution* » ; *secundo* à « *protéger les libertés et droits fondamentaux des êtres humains* » ; et, *tertio*, à « *réguler la vie politique* ».Au vu de telles missions fondamentales, c'est la sacro-sainte séparation des pouvoirs qui s'en trouve fortement ébranlée dans la mesure où la doctrine héritée de l'époque de Montesquieu semble ne plus pouvoir tenir en raison de l'absence d'une communication interne à la conception trinitaire du pouvoir en tant que tel.

Je salue chaleureusement les accents pathétiques auxquels il a recours pour insister sur les responsabilités exaltantes des juges constitutionnels lorsqu'ils sont appelés à dire le droit constitutionnel. Il rappelle avec bonheur que les décisions prises sont opposables à tous – *« erga omnes »*. Mais il tient à ce que cet adage soit plus qu'explicite : les décisions sont opposables à « tous » *y compris à ceux qui les prennent* ; et l'on pourrait presque créer un complément à l'adage en disant *« erga se »*, « opposable à soi-même ». C'est qu'il faudrait faire prendre conscience du fait que tout jeu politique, tout jeu social et tout jeu juridique doivent être régulés dans l'intérêt de l'ensemble de la communauté humaine.

Les analyses de cas des pays revisités autorisent l'avancée vers des principes universalisables. On ne dira jamais assez des leçons que permet de tirer la méthode comparative ici merveilleusement pratiquée. Au-delà de paraître des cas faciles ni trop particuliers, l'expérience française, les tentatives béninoises et les tendances rd-congolaises incitent à penser et à rêver à des perfectionnements autrement significatifs, comme l'auteur en donne le goût.

Nous avons entre nos mains un livre critique, autocritique et révolutionnaire dans le cadre de la pratique juridique. Critique puisqu'il aide à ne plus voir trouble et promeut « la foi ardente dans la Constitution ». Autocrique en raison du principe « erga se ». Et révolutionnaire au sens où, dans un univers par trop enclin à l'arbitraire, à la dictature, au népotisme et au laisser-faire, appeler un chat un chat et la vertu par son nom, c'est déjà un thème qui ne laisse rien tel quel, comme à son prestin état.

Ce livre se recommande de très hautes valeurs scientifiques, intellectuelles et éthiques. Puissent l'intellectuel, le juriste de profession, le législateur et le juge à n'importe quelle instance en tirer concrètement tout le profit souhaité dans leurs cogitations ainsi que dans leurs pratiques quotidiennes !

Jean-Louis ESAMBO KANGASHE
Doyen de la Faculté de Droit
de l'Université de Kinshasa
Juge honoraire à la Cour
Constitutionnelle de la République
Démocratique du Congo

Avant-propos

Les missions essentielles de la justice constitutionnelle en France, au Bénin et en République Démocratique du Congo se résument au contrôle de constitutionnalité des lois en vue d'assurer la suprématie de la constitution, la protection des droits et libertés fondamentaux des citoyens face aux dérives liberticides des pouvoirs publics et la régulation du fonctionnement des institutions face au risque de blocage que pourrait occasionner la survenance de tel ou tel autre évènement politique volontaire ou involontaire.

La naissance de la justice constitutionnelle aux Etats-Unis d'Amérique, son adoption en Europe, en France notamment, après la seconde guerre mondiale et sa transposition en Afrique au moment des indépendances, dans les années soixante, sa passivité et sa renaissance après les conférences nationales, au début des années nonante ont permis d'avoir une justice quasiment approuvée dans tous les Etats modernes, mais dont l'émergence varie en tenant compte de la donne environnementale politique, historique et idéologique.

Ainsi, cet ouvrage se propose, dans une approche comparatiste, de passer en revue, de façon approfondie et non sans pertinence, les différentes missions dévolues à la justice constitutionnelle que les juridictions constitutionnelles sont appelées à incarner dans les Etats sus évoqués.

Cette étude est d'autant plus prégnante que séductrice dans la mesure où elle permet de cerner avec précision la qualité du travail des juridictions dans le cadre de leurs missions essentielles, l'apport de chacune d'elles sur l'édification de ces missions et surtout l'impact de l'exercice de ces missions sur le processus permanent de construction et de consolidation de l'Etat de droit.

Introduction générale

La présente réflexion porte essentiellement sur les missions essentielles de la justice constitutionnelle en France, au Bénin et en République démocratique du Congo.

Elle s'assigne comme objectif de ressortir, au regard de l'œuvre jurisprudentielle des juges constitutionnels des Etats sous étude, les missions essentielles, si pas principales ? leur assigné par les constitutions des Etats et d'apprécier le degré d'imprégnation, d'intériorisation et d'appropriation par ces juges du rôle qu'ils sont appelés à jouer dans le fonctionnement de chacun des Etats précités.

Au demeurant, l'étude à l'ambition de faire le bilan de l'activisme du juge, à travers les trois pays en vue de dégager les éléments pouvant contribuer à l'émergence d'une justice constitutionnelle au service de la consolidation de l'Etat de droit.

Le débat sur la justice constitutionnelle est à la mode[1], cependant celui sur ses missions essentielles en France, au Bénin et en RDC est d'une telle acuité et spécificité qu'il ne

---

[1] BOSHAB MABUDJ E., « Préface », ODIMULA LOFUNGUSO L., *La justice constitutionnelle et la juridicisation de la vie politique en droit positif congolais*, Paris, l'Harmattan, 2016, p. 15.

saurait être abordé avec pertinence et conviction que s'il est d'abord posé la problématique, ressorti les hypothèses, identifié l'intérêt de l'étude, délimité le champ opératoire, avant que le cheminement de la pensée ne soit précisé par l'indication de la méthodologie à laquelle nous avons recouru. A cela pourrait s'ajouter également le plan global du travail.

Notons d'abord que la justice constitutionnelle est de plus en plus prégnante après la deuxième guerre mondiale, si bien que plusieurs Etats démocratiques modernes voient en elle une preuve et garantie de la supériorité de la norme constitutionnelle et de protection des droits et libertés des citoyens.

L'institution des juridictions constitutionnelles est, depuis la seconde moitié du XXème siècle, un passage obligé de toutes les constitutions modernes, au même titre que l'institution des assemblées parlementaires, d'un gouvernement et d'un chef de l'Etat[2].

A la faveur de la vague de démocratisation des années 1990 en Afrique notamment, l'on assiste à une sorte d'universalisation de la justice constitutionnelle. Cette justice est devenue un indicateur important d'appréciation du caractère démocratique ou non d'un régime politique constitutionnel, mieux un dispositif efficace de la régulation de la vie politique.

C'est assurément au vu du développement de la justice constitutionnelle que COPPELLETI écrivait : « si le XIXème siècle fut celui des parlements, le XXème siècle est le siècle de la justice constitutionnelle ».

---

[2] *Idem*, p.47.

De nos jours, les juridictions constitutionnelles prennent significativement du relief au sein des constitutions et semblent bénéficier d'un impact significatif tant auprès de l'opinion publique qu'au sein des systèmes politiques que, elles entendent réguler[3]. Concrètement, au cours de ces dernières décennies, il s'observe, dans maints Etats du monde, une tendance générale à la juridicisation de la vie politique par l'installation des juridictions constitutionnelles[4].

Dans cette perspective, la justice constitutionnelle s'entend comme la justice des pouvoirs publics constitutionnels tant dans leurs actes juridiques que dans leurs faits juridiques[5].

Ainsi présentée, la justice constitutionnelle est, dans son essence, consubstantielle au constitutionnalisme dont la finalité (le soubassement) se trouve être la protection de l'intégrité et de la suprématie des dispositions constitutionnelles, l'encadrement du pouvoir des gouvernants et la protection des droits et libertés des citoyens (gouvernés).

C'est donc à cette justice qu'il incombe d'assurer l'encadrement de la vie politique dont le soubassement se trouve être la protection de l'intégrité et de la suprématie des dispositions constitutionnelles ainsi que celles touchant aux garanties du respect de la Constitution.

Dans notre étude, il s'agira d'analyser les trois missions intrinsèques de la justice constitutionnelle à savoir : la protection de la suprématie constitutionnelle, la protection des

---

[3] BERNOUSSI N., « La justice constitutionnelle entre légitimité et effectivité », *l'économiste*, n° 3269, p.5.
[4] ODIMULA LOFUNGUSO L., *Op.Cit.*, p.46.
[5] *Idem*.

droits et libertés fondamentaux et la régulation de la vie politique en France, au Bénin et en RDC.

Le choix combiné de ces trois Etats se justifie par deux raisons évidentes ; premièrement, la Constitution française de 1958 est la source d'inspiration première des constitutions congolaise et béninoise du 18 février 2006 et du 11 décembre 1990, les constituants congolais et béninois ont organisé les juridictions constitutionnelles en s'inspirant largement de la France mais avec certaines particularités liées à leur contexte politique

La première particularité tient à l'appellation, si en France le constituant n'a pas voulu heurter l'opinion politique encore largement inspirée de la tradition souverainiste de la loi, en prévoyant une « Cour », véritable juge de constitutionnalité, en RDC et au Bénin la formule hésitante de « Conseil constitutionnel » n'était pas indiquée face au souci d'avoir un juge chargé de recadrer les pouvoirs publics qui se sont illustrés par des violations massives de la Constitution.

La deuxième particularité tient à l'organisation d'une saisine populaire des juridictions constitutionnelles congolaise et béninoise, contrairement au constituant français qui ne l'a insérée que récemment par l'intromission de la question prioritaire de constitutionnalité.

La deuxième et dernière raison justifiant le choix de ces Etats tient de ce que les juridictions de ces trois Etats, au-delà d'exister, recourent tant bien que mal aux trois missions essentielles de la justice constitutionnelle évoquées ci-haut.

Nous nous proposons donc, dans cette étude, de faire le bilan de l'application des trois missions essentielles de la justice constitutionnelle, par ces trois juridictions, pour en cerner les particularités et en apprécier l'incidence dans l'organisation politique de leurs Etats.

Cette brève présentation du sujet suscite un questionnement auquel nous nous proposons de répondre dans les lignes qui suivront.

L'Etude des missions essentielles de la justice constitutionnelle en France, au Bénin et en RDC suscite un questionnement qui pourrait être axé autour des questions suivantes :

- Quelles sont les missions de la justice constitutionnelle ? Et en quoi sont-elles essentielles ?
- Quelles sont les origines et justifications de ces missions ?
- Peut-on affirmer que ces missions sont reconnues dans tous ces trois Etats ?
- Pourquoi la France, le Bénin et la RDC ont reconnu les mêmes types des compétences à leurs juridictions constitutionnelles ?
- En dehors du contrôle de constitutionnalité et de la protection des droits et libertés des citoyens, la régulation du bon fonctionnement des institutions mérite-t-elle aujourd'hui d'être perçue comme mission essentielle de la justice constitutionnelle, au regard de la contestation doctrinale dont fait-elle l'objet ?

Grace à la problématique ainsi posée, il nous semble plus qu'indiqué de relever les hypothèses de l'étude

En analysant avec minutie les dispositions constitutionnelles et législatives sur la justice constitutionnelle dans les Etats sous étude et au regard du travail réellement abattu par leurs juridictions constitutionnelles, il nous parait judicieux de formuler 4 hypothèses ci-après :

- Les missions essentielles confiées aux juridictions constitutionnelles sont : le contrôle de constitutionnalité, la protection des droits et libertés fondamentaux des citoyens et la régulation du bon fonctionnement des institutions ;
- L'exercice de ces missions varie beaucoup, dépendamment de l'histoire constitutionnelle et politique, de l'environnement politique et du courage dont fait preuve le juge constitutionnel face à certaines questions qui lui sont soumises ;
- Si le contrôle de constitutionnalité et la protection des droits et libertés fondamentaux des citoyens se sont déjà affirmés comme missions naturelles de la justice constitutionnelle, la régulation peine encore à s'affirmer comme compétence d'autant qu'elle vacille encore entre mépris et méconnaissance, par les textes constitutionnels et légaux en France et en RDC.

Ces hypothèses laissent entrevoir tout l'intérêt que les lecteurs doivent porter à cette étude et justifient également sa délimitation.

S'il est des tâches aussi superfétatoires que fastidieuses pour un chercheur en droit public, c'est notamment celle relative à la justification de l'intérêt d'une étude qui porte sur la justice constitutionnelle.

En effet, bien que rien n'aille de soi, l'on ne saurait cependant remettre en cause que la justice constitutionnelle, au-delà d'être d'actualité, revêt une importance cardinale dans tous les Etats modernes et suscite toujours un intérêt particulier dans l'analyse de ces différentes facettes. Que dire dès lors que l'on se propose de l'analyser dans une approche essentiellement comparatiste !

L'étude, en dehors de l'intérêt scientifique indubitable qu'elle suscite, présente un intérêt certain aussi bien pour les chercheurs, praticiens du droit que les acteurs politiques et de la société civile.

Sur le plan scientifique, mieux encore théorique, ce travail constitue un énième apport sur l'étude de la justice constitutionnelle, il apporte, au demeurant, une touche d'originalité dans ce qu'elle analyse et interroge des recettes constitutionnelles concoctées sous différents cieux en matière de justice constitutionnelle, en dissèque les ingrédients et nutriments et fait la promotion de ceux qui sont nécessaires à la consolidation de l'Etat de droit.

En outre, si la littérature sur la justice constitutionnelle est de plus en plus croissante, celle qui est spécifique et exclusivement consacrée aux missions essentielles de la justice constitutionnelle est de moins en moins nombreuse.

Bien plus, si les constitutions béninoise et congolaise, comme plusieurs sur le continent africain, s'inspirent largement de la constitution française de 1958, le « mimétisme » institutionnel dont ont fait preuve les constituants béninois de 1991 et congolais de 2006 en matière de justice constitutionnelle devait être revisité et interrogé, tâche à laquelle se voue la présente réflexion.

L'intérêt de ce travail sur le plan pratique ne peut aucunement être tu, d'autant plus qu'il permet d'identifier clairement les différentes missions de la justice constitutionnelle, leur mise en œuvre et spécificités dans les trois Etats sous étude.

L'exercice a conduit à l'identification des éléments de convergence et de divergence avant d'indiquer le degré d'encrage et les modalités d'exercice des missions assignées à la justice constitutionnelle.

Ainsi, ne pouvant tout embrasser de peur de mal étreindre, nous avons procédé à une délimitation spatio-temporelle de l'étude.

La RDC, la France et le Bénin constituent certes le champ opératoire de la présente étude. Cependant, force est de constater que le double souci de rigueur et de lucidité a, par moment, imposé des incursions dans d'autres Etats, dans le but de clarifier certaines fonctions prises en charge par l'étude.

La délimitation temporelle est intimement liée à la date d'entrée en vigueur et aux années d'adoption des constitutions qui ont mis en place les juridictions constitutionnelles dont les missions sont analysées. Concrètement, la Constitution française du 4 octobre 1958 telle que révisée à ce jour, la Constitution béninoise du 2 décembre 1990 telle que révisée à ce jour et la Constitution congolaise du 18 février 2006 telle que révisée à ce jour.

Dans le but d'analyser l'évolution de la justice constitutionnelle dans ces Etats, il est nécessaire de recourir aux textes constitutionnels précédents, bien que l'attention reste principalement focalisée sur les constitutions en vigueur.

Il va de soi que pareil exercice d'étude transversale ait été rendu possible par le recours à une méthodologie adéquate.

La science n'arrive à étudier les vérités qu'elle poursuit, les démontre et vérifie[6] que par la méthode[7]. Nous avons donc recouru à une méthodologie pour faire faire aboutir nos investigations sur la justice constitutionnelle.

Compte tenu de l'objet d'étude, nous avons recouru aux approches juridiques pour étudier le droit constitutionnel, plus spécifiquement le droit constitutionnel de chaque Etat sous étude sur les dispositions relatives à l'organisation et au fonctionnement des juridictions constitutionnelles. Le droit positif a été analysé et nous avons également, dans ce cadre, confronté les faits au droit.

Par ailleurs, dans le but de replacer le droit dans son contexte sociologique et d'en mesurer ainsi la signification véritable[8], nous avons recouru aux approches sociologiques ou de science politique.

Enfin, étant donné que le travail embrasse plusieurs Etats, nous avons tout naturellement fait recours aux

---

[6] PINTO R. et GRAWITZ M., *Méthodes des sciences sociales*, 4ième édition, Paris, Dalloz, 1971, p. 15.
[7] ODIMULA LOFUNGUSO L., *Op. Cit.*, p. 43.
[8] MPONGO BOKAKO E., *Institutions politiques et droit constitutionnel*, Kinshasa, EUA, 2001, p. 98.

approches comparative et historique, à travers l'analyse *in illo tempore* des missions assignées à la justice constitutionnelle.

L'ouvrage tourne autour des six chapitres. Le premier chapitre a pour pierre de touche la conceptualisation de la justice constitutionnelle. Le second porte sur son évolution en France, au Bénin et en République Démocratique du Congo. Les deux chapitres qui suivent rappellent le rôle protecteur de la justice constitutionnelle : de la suprématie constitutionnelle au chapitre trois et des droit et libertés fondamentaux des citoyens au chapitre quatre. Les deux derniers chapitres ont pour pierre de touche le pouvoir régulateur de la vie politique par la justice constitutionnelle grâce aux juridictions constitutionnelles (chapitre cinq) et par les juges constitutionnels français, béninois et congolais

Chapitre 1

Conceptualisation de la justice constitutionnelle

De nos jours, le rôle, l'importance et la place d'une constitution au sein d'un Etat n'est plus à démontrer. Si elle est un pacte sacré[9] et la loi suprême de l'Etat, elle revêt donc une telle importance que la justice qui a pour rôle de faire transparaitre cette supériorité ne peut aucunement être passée sous silence, tant elle assure sa protection qu'elle lui garantit l'épuration de toutes les normes inférieures qui lui seraient contraires.

Cette justice a, beaucoup plus généralement en Afrique noire francophone, souffert de la méfiance des dirigeants politiques d'avant la décennie 1990, adeptes de l'autoritarisme et d'abus de tous genres. La Constitution, charte de la monarchie absolue était un tabou sinon une véritable « bible » dont les dogmes n'étaient pas susceptibles d'interprétations diverses[10]. Le juge constitutionnel a été

---

[9] DJOLI ESENG'EKELI J., *Droit constitutionnel*, Kinshasa, DJES, 2015, p. 141.

[10] BOSHAB E., « Les droits de la Constitution en Afrique subsaharienne », *L'état du droit en Afrique à l'orée de l'an 2000. Quelles perspectives ?* Premières journées juridiques africaines de Bruxelles, 25-26 septembre 1998, Bruxelles, Katholieke Universiteit Brussel (KUB), RDJA asbl, 1999, p. 78.

longtemps couvé, ignoré par le constituant, bâillonné par le pouvoir politique et méconnu par la recherche[11].

Dans un tel environnement, il ne pouvait aucunement émerger une vraie justice tendant à assurer le respect de la Constitution par son interprétation conforme au droit et aux idéaux du peuple.

Au début des années 90, la quête constitutionnelle du « plus jamais ça ! » s'est notamment traduite par la consécration de la règle d'or de la limitation à deux du nombre de mandats présidentiels et par la création d'une juridiction suprême, gardienne de la Constitution[12], c'est la renaissance de la justice constitutionnelle en Afrique.

Il s'ensuit que la justice constitutionnelle fit son apparition en Afrique plusieurs années après l'Europe. Ce continent a, après la deuxième guerre mondiale, marquée par la croissance et l'expansion des systèmes de justice constitutionnelle. En vertu de ces systèmes, certains tribunaux, habituellement appelés cours constitutionnelles, ont été créés avec la mission de contrôler la conformité des lois et quelquefois aussi d'actes émanant des organes publics, autres que la loi à la constitution[13]. C'était la consécration de la justice constitutionnelle.

Pour rendre compte de la justice constitutionnelle, il est nécessaire de rechercher la définition que la doctrine donne à la notion au triple point de vue matériel, organique et fonctionnel.

---

[11] AÏVO F. J., « Editorial de l'Annuaire Béninois de la Justice constitutionnel », *ABJC, Revue de contentieux constitutionnel*, I-2013, p. 17.

[12] BOLE S., « Préface », MABANGA M. G., *Le principe de la continuité de l'Etat : issue de secours à la prohibition du troisième mandat ? Analyse critique de l'Arrêt de la Cour constitutionnelle congolaise du 11 mai 2016*, Paris, l'Harmattan, 2016, p. 15.

[13] CAPPELLETTI MAURO, « Nécessité et légitimité de la justice constitutionnelle », *Revue internationale de droit comparé, Vol. 33 n°2*, Avril-juin 1981, p. 625.

Section 1 : La justice constitutionnelle au sens matériel

Dans ce sens, la définition de la justice constitutionnelle est soit restreinte, soit large.

Paragraphe I : La définition restreinte de la justice constitutionnelle au plan matériel

En doctrine, les auteurs ont pris l'habitude de définir la justice constitutionnelle en mettant un accent particulier sur l'aspect régulateur de la Constitution en accordant au juge constitutionnel le rôle d'arbitre et de régulateur. Michel FROMONT opine que le juge constitutionnel est le juge des pouvoirs publics constitutionnels, spécialement des pouvoirs législatif et exécutif. Il s'agit donc de tout juge qui statue sur les litiges opposant les pouvoirs publics constitutionnels, peu importe que les règles qu'il applique soient de rang constitutionnel ou simplement législatif[14].

De ce qui précède, la justice constitutionnelle est définie dépendamment de la qualité des parties qui s'opposent, pour autant que celles-ci aient la qualité des pouvoirs législatifs ou exécutifs établis par la constitution, la nature de la justice en marche est constitutionnelle, cela sans considération aucune pour la nature des règles applicables, encore moins le juge désigné en vue de régler le litige.

Parallèlement à cette conception du juge régulateur, s'est développée une autre qui fait la promotion du contrôle constitutionnel intra normatif, c'est-à-dire celle qui fait la part belle au contrôle de constitutionnalité des lois.

Par ailleurs, Charles EINSMANN note, quant à lui, que le sens juridique de la justice constitutionnelle est de garantir la répartition de la compétence entre législation ordinaire et législation constitutionnelle, d'assurer le respect de

---

[14] BADET G., *Les attributions originales de la Cour constitutionnelle du Bénin*, COTONOU, FES-BENIN, 2013, p. 15.

la compétence du système de règles ou de l'organe suprême de l'ordre étatique[15].

Dans le même ordre d'idées, Michel VERPEAUX définit le contrôle de constitutionnalité comme contrôle du respect par l'ensemble des normes juridiques de la constitution[16]. La définition est partagée par Jacques GICQUEL qui considère le contrôle de constitutionnalité comme un ensemble des moyens juridiques destinés à assurer la conformité des règles de droit à la Constitution[17]. DJELO EMPENGE OSAKO ne s'inscrit pas moins dans cette conception restreinte de la justice constitutionnelle lorsqu'il affirme que le contrôle de constitutionnalité est l'opération qui consiste à vérifier la conformité à la Constitution des actes des pouvoirs publics et à frapper ces actes des sanctions prévues par la Constitution ou par d'autres actes des autorités publiques pris en vertu de la Constitution[18].

Quoi que satisfaisante, la conception restreinte de la justice constitutionnelle n'englobe pas toutes les matières relevant de la constitution et devant être prise en charge par cette justice.

Cet état des choses justifie, à n'en point douter, l'adoption d'une conception large de la justice constitutionnelle.

Paragraphe II : La définition large de la justice constitutionnelle au plan matériel

Sous l'empire de cette conception, la justice constitutionnelle doit intégrer non seulement le rôle d'arbitre, de régulateur du juge, la dimension normative de son travail, mais aussi tenir compte de la possibilité de voir toutes les

---

[15] EINSMANN C., *La justice constitutionnelle et la Haute Cour constitutionnelle d'Autriche*, Paris, L.G.D.J, 1928, pp. 1-9.
[16] VERPEAUX M., *La Constitution*, Paris, Dalloz, 2008, p. 40.
[17] GICQUEL J., *Droit constitutionnel et Institutions politiques,* 12ième édition, Paris, Monchresien, 1993, p. 185.
[18] Cité par MPONGO BOKAKO E., *Op. Cit.*, p. 325.

matières constitutionnelles soumises à sa juridiction, dont principalement la protection des droits et libertés des citoyens[19].

Dans cette optique, seule une définition large, comme celle donnée par Louis FAVOREU[20], peut être envisagée. En effet, d'après lui, l'expression désigne l'ensemble des institutions et techniques grâce auxquelles est assurée, sans restriction, la suprématie de la Constitution.

Cette définition est aussi large que celle de Hans KELSEN qui voyait en la justice constitutionnelle la garantie juridictionnelle de la Constitution[21].

Il en résulte que cette garantie juridictionnelle est assurée contre tous les actes du pouvoir législatif, exécutif ou judiciaire, peu importe la qualité de la personne mise en cause, soit-elle publique ou privée et peu importe la nature du litige, pour autant que celle-ci remette en cause une matière constitutionnelle, elle relève de la justice constitutionnelle.

Pour mieux rendre compte du mécanisme, il est nécessaire de rechercher la définition de la justice constitutionnelle au double point de vue organique et fonctionnel.

Section II : définition organique et fonctionnelle de la justice constitutionnelle

Paragraphe I : Définition organique ou formelle

De ce point de vue, la justice constitutionnelle, est définie en référence à l'organe chargé d'appliquer la Constitution à l'occasion d'un litige y afférant.

Justice constitutionnelle est donc synonyme de juridiction constitutionnelle. Donc, tout juge qui applique la Constitution est juge constitutionnel et intervient dans la justice constitutionnelle.

---

[19] BADET G., *Op. Cit.*, p. 17.

[20] FAVOREU L. *et alii*, *Droit Constitutionnel*, 21ième édition, Paris, Dalloz, 2019, p. 249.

[21] KELSEN H., « La garantie de la Constitution (la justice constitutionnelle) », *R.D.P*, 1928, n°5, pp. 198-257.

Il peut statuer dans le cadre d'une juridiction spécialisée ou non.
Il importe de décrypter la notion du point de vue fonctionnel.

Paragraphe II : Définition fonctionnelle

Cette définition est en réalité procédurale parce qu'elle consacre l'idée de l'existence d'une justice constitutionnelle chaque fois qu'il existe une procédure ou une technique assurant la garantie de la Constitution[22].

Se situe dans le même courant, la définition de Louis FAVOREU selon laquelle la justice constitutionnelle désigne l'ensemble des institutions et techniques grâce auxquelles est assurée, sans restriction, la suprématie de la Constitution[23].

La justice constitutionnelle est ici synonyme de garantie juridictionnelle de la Constitution et représente un élément du système des mesures techniques qui ont pour but d'assurer l'exercice régulier des fonctions étatiques[24] et la constitutionnalité de l'ensemble des activités des pouvoirs publics[25].

Cette justice est assurément effectuée par une juridiction constitutionnelle.

Section III : La justice constitutionnelle et la juridiction constitutionnelle

Pour Charles EISENMANN, la justice constitutionnelle est cette sorte de justice ou mieux de juridiction qui porte sur les lois constitutionnelles. Une définition qu'il complétera en distinguant « justice

[22] DRAGO G., *Contentieux constitutionnel français*, 2ième édition refondue, Paris, PUF, 2006, p. 13.
[23] FAVOREU L., *Op. Cit.*, p. 249.
[24] KELSEN H., *Op. Cit.*, p. 189.
[25] DIALLO IBRAHIMA, « À la recherche d'un modèle africain de justice constitutionnelle », *Annuaire international de justice constitutionnelle*, 20-2004, 2005, p. 95.

constitutionnelle » et « juridiction constitutionnelle », la seconde étant l'organe par lequel s'exerce la première[26].

Si la justice constitutionnelle comprend l'ensemble des mécanismes mis en place en vue d'assurer la supériorité de la constitution, il parait donc clair que tout juge, peu importe le système de justice constitutionnelle mis en place peut exercer cette compétence.

Cependant, le seul lien possible que l'on peut établir entre les deux est que l'une est une activité voire une compétence et l'autre l'organe ou le canal par lequel la première s'exprime. Bref, la justice constitutionnelle s'exprime au moyen d'une juridiction constitutionnelle.

Ainsi, la notion de justice constitutionnelle ne peut être qu'une notion matérielle : elle ne peut que désigner une activité ou, si l'on veut, une fonction exercée en la forme juridictionnelle par un organe indépendant ayant le caractère d'une juridiction et parallèlement le juge constitutionnel ne peut que désigner un juge exerçant la justice constitutionnelle, qu'il soit ou non spécialisé dans cette tâche[27].

Dans l'organisation de la juridiction constitutionnelle, chaque Etat jouit d'une liberté, mais de plus en plus les Etats modernes s'efforcent d'inscrire cette organisation dans le cadre de l'un de grands modèles disponibles, et cela a une incidence sur la forme et les compétences de la juridiction constitutionnelle

Il existe principalement les modèles américain et européen de justice constitutionnelle, aux cotés desquels pullulent des systèmes mixtes qui empruntent des éléments de part et d'autre. Cependant, comme le fait remarquer Louis

---

[26] EINSENMANN C., *La justice constitutionnelle et la Haute cour constitutionnelle d'Autriche*, nouvelle édition, Aix-Marseille, PUAM, Paris, Economica, 1986, p. 123. KALUBA DIBWA D., *Du contentieux constitutionnel en République Démocratique du Congo. Contribution à l'étude des fondements et des modalités d'exercice de la justice constitutionnelle*, thèse de doctorat en droit, Université de Kinshasa, année académique 2009-2010, p. 40.

[27] FROMONT M., *La justice constitutionnelle dans le monde*, Paris, Dalloz, 1996, p. 2.

FAVOREU, les modèles mixtes qui fonctionnent réellement sont rares et, en toute hypothèse, lorsqu'ils fonctionnent vraiment, ils évoluent vers l'un ou l'autre des deux principaux[28].

En outre, bien que cette réflexion porte également sur deux Etats africains ; le Bénin et la RDC, l'on peut déjà affirmer qu'il n'existe pas vraiment un système africain de justice constitutionnelle parce que les types qui y pullulent ont été importé et trouvent leurs origines en occident[29]. Et ces deux Etats, étant francophones, ont connu une forte influence de l'organisation politique française et partant du modèle même de la justice constitutionnelle bien qu'avec quelques aménagements inhérents au contexte politique local[30].

De ce qui précède, on peut notamment remarquer que la notion de juridiction constitutionnelle est comprise dépendamment du modèle dans lequel se meut la justice constitutionnelle.

Paragraphe I : le modèle américain de justice constitutionnelle ou le *constitutionnal review*

Ce modèle est le plus ancien parce qu'ayant existé avant le modèle européen. Il est le fait d'une création jurisprudentielle, aux Etats-Unis d'Amérique. La décision du *Chief Justice Marshall* dans l'affaire *Marbury* v. *Madison* en 1809 en constitue l'acte créateur.

Il faut toutefois relever que bien avant cet arrêt, les théoriciens de la Révolution américaine réclamèrent expressément l'idée de contrôle de constitutionnalité. En 1761, faisant entrer ce principe dans leur concept de Constitution, James Otis et John Adams, défendant les revendications d'indépendance des colonies de Nouvelle Angleterre,

---

[28] FAVOREU L., « Modèle européen et modèle américain de justice constitutionnelle », *Annuaire international de justice constitutionnelle*, 4-1988, 1990, p. 52.

[29] DIALLO IBRAHIMA, *Op. Cit*, p. 70.

[30] BOLLE S., « *Des constitutions "made in" Afrique* », *http://www.droitconstitutionnel.org/congresmtp/textes7/BOLLE.pdf.* (Consulté le 02 juin 2020).

proclament à leur tour qu'une loi contraire à la Constitution est nulle et non avenue[31].

Cependant, la proposition de James Madison de conférer, dans la Constitution fédérale, au pouvoir judiciaire un droit de *veto* pour inconstitutionnalité avait été rejetée[32].

L'article III, section 1 de la Constitution du 17 septembre 1787 se limitant seulement à prévoir que « le pouvoir judiciaire des États-Unis est dévolu à une Cour suprême et à telles cours inférieures dont le Congrès peut, au fur et à mesure des besoins, ordonner l'établissement ».

Le célèbre arrêt *Marbury* V. *Madison* parait donc comme le moyen par lequel le pouvoir judiciaire a fortement revendiqué le rôle de gardien de la Constitution et a, à la suite de certaines idées émises par les pères fondateurs des Etats-Unis d'Amérique et rédacteurs de la Constitution de 1787, consacré l'idée du contrôle de constitutionnalité.

Ce modèle de justice constitutionnelle est caractérisé par certains éléments qui le distinguent du système européen.

I. Un modèle de contrôle diffus ou décentralisé

L'une des caractéristiques du système américain est que cette compétence n'est aucunement dévolue à une juridiction spécialisée en contentieux constitutionnel. Tout juge, à n'importe quel niveau de la hiérarchie judiciaire, est compétent pour statuer sur une question de constitutionnalité soulevée devant lui.

Tout juge saisi en première instance est, en effet, doté d'une plénitude de juridiction qui l'amène à se prononcer sur l'ensemble des questions soulevées par le litige, qu'elles soient civiles, pénales, administratives ou constitutionnelles[33]. Il remplit à cette occasion une fonction régulatrice suprême.[34]

---

[31] FAVOREU L. *et alii.*, *Op.Cit.*, p. 254.
[32] *Idem*, p. 255.
[33] *Idem*, p. 195. BADET G., *Op. Cit.*, p. 24.
[34] *Idem*, p. 257.

C'est ainsi qu'il n'existe pas, dans les pays ayant opté pour ce système, de spécialisation juridictionnelle en contentieux constitutionnel.

La Cour suprême est placée au sommet de la hiérarchie judiciaire, et à ce titre elle tranche en dernier ressort certains litiges émanant des juridictions inférieures ; lesquelles peuvent avoir une incidence sur la matière constitutionnelle.

II. Un modèle de contrôle concret

Concret, ce modèle l'est parce que ne pouvant que porter sur un litige concret déjà né est soumis à la juridiction d'un juge.

Il va sans dire que dans ce système, il n'est pas admis le contrôle du juge pour un litige abstrait, éventuel et non avéré.

Ainsi, le demandeur doit être directement touché par la violation de la Constitution, le dommage doit s'être produit ou apparaître suffisamment certain et la controverse toujours en l'état[35].

III. L'autorité relative de la chose jugée des décisions rendues

Dans le cadre du « *judicial review* » américain, le tribunal statuant sur une exception d'inconstitutionnalité peut seulement rendre une décision dotée de l'autorité relative de chose jugée. Cela signifie qu'en principe un jugement éventuel d'inconstitutionnalité ne vaudra que pour l'affaire et les parties en cause[36].

La décision rendue par le juge en la matière ne vaudra pas pour une autre cause similaire. Elle ne produit pas les effets *erga omnes.* C'est ainsi qu'une loi écartée dans une affaire peut être appliquée dans une autre affaire présentant des similitudes. Dans ce cas, la décision produit des effets *erga partes*.

---

[35] *Idem*, p. 258.

[36] *Ibidem*.

IV. Contrôle exercé a posteriori par voie d'exception

Cette caractéristique est la conséquence de la deuxième qui augure le caractère concret du contrôle dans le système américain.

Ce contrôle s'exerce normalement après l'entrée en vigueur d'une loi, parce qu'il faut qu'un litige soit né, au cours duquel une partie lésée demande l'inapplication d'une loi ou d'une décision administrative à son endroit au motif que celle-ci viole une disposition constitutionnelle.

Ce contrôle est intimement lié à l'existence préalable d'une loi qu'un justiciable estime inconstitutionnelle, il n'existe donc pas de contrôle a priori dans ce système.

D'ailleurs, la Cour se refuse même de conseiller les institutions sur les questions de constitutionnalité durant la rédaction des actes juridiques en respect de l'interprétation rigide du principe de la séparation des pouvoirs.

Ce qui n'est pas le cas dans le modèle européen.

Paragraphe II : Modèle européen de justice constitutionnelle ou le « *judicial review* »

A l'opposé du modèle américain de justice constitutionnelle, comme autre grand modèle largement répandu dans le monde et surtout en Afrique, le modèle européen de justice constitutionnelle est, en réalité, le modèle autrichien, premièrement théorisé par le célèbre juriste positiviste Hans KELSEN. Celui-ci établit déjà, vers les années dix-neuf cents vingt, un schémas suivant lequel, il fallait créer une juridiction qui soit un organe indépendant de toute autre autorité étatique qu'il fallait charger de l'annulation des actes inconstitutionnels c'est-à-dire une juridiction ou tribunal constitutionnel[37].

---

[37] Cité par FAVOREU L., « Modèle européen et Modèle américain de justice constitutionnelle ». *Op. Cit.*, p. 58.

C'est ainsi que l'Autriche, la Tchécoslovaquie et l'Espagne républicaine ont été les premiers à appliquer ce modèle entre 1920 et 1939 à la veille de la deuxième guerre mondiale.

A la fin de la deuxième grande guerre, ce modèle abolit après moult dénaturations a été réinstauré en Autrice avant d'être adopté par plusieurs Etats européens comme l'Allemagne, l'Italie, la France, le Chypre, la Turquie, le Portugal, l'Espagne, la Belgique et d'autre pays de l'Europe de l'Ouest.

Ce système est substantiellement fondé sur l'idée que la Constitution est supérieure à toutes les autres lois, et que celles-ci doivent, par conséquent, lui être conformes et pour cela, il faut que soit assuré un contrôle exercé par un organe central créé à cet effet, dans le but de garantir la hiérarchie des normes et la cohérence de l'ordre juridique.

Ce modèle est caractérisé par certains éléments qui constituent son originalité par rapport aux autres systèmes.

I. La centralisation du contrôle de constitutionnalité

Alors que les juridictions de jugement aux Etats-Unis d'Amérique disposent d'une plénitude de juridiction qui implique le traitement de la matière constitutionnelle devant n'importe quel juge, dans le système européen, toutes les juridictions ne disposent pas, du pouvoir de trancher les litiges qui relèvent du domaine constitutionnel.

Les juges ordinaires sont donc étrangers au contentieux constitutionnel. Dès lors qu'une question d'inconstitutionnalité est relevée devant eux, soit ils la transmettent à la juridiction constitutionnelle, soit ils écartent juste l'application de la disposition contestée parce qu'ils ne sont pas compétents pour censurer des lois inconstitutionnelles.

Cette juridiction constitutionnelle qui est une Cour constitutionnelle, un tribunal constitutionnel ou un jury constitutionnaire est, comme le souligne Hans KELSEN, une juridiction chargée d' « une mission purement juridique d'interprétation de la Constitution »[38].

Par ailleurs, sa caractéristique de juridiction spécialisée la place donc en dehors de tout ordre de juridiction qui supposerait l'idée d'une certaine hiérarchie des juridictions au sommet desquelles se retrouverait la Cour constitutionnelle chargée de trancher, en Appel ou en Cassation, les litiges soumis au préalable aux juridictions inférieures de l'ordre.

II. Le contrôle de constitutionnalité abstrait

Dans ce modèle de justice constitutionnelle, le contrôle abstrait des normes apparait dans la mesure où les litiges soumis aux cours constitutionnelles ne présentent pas une confrontation classique entre deux parties et ne supposent pas la résolution d'un litige particulier antérieur. Le contrôle de constitutionnalité selon le modèle kelsénien, implique, en effet, une confrontation entre deux normes générales, l'une constitutionnelle, l'autre législative, le juge statuant sur la loi en elle-même et non sur son application dans un litige particulier[39].

Cependant, dans certains Etats, à côté de ce contrôle intra législatif, il existe aussi la possibilité de saisine du juge constitutionnel pour qu'il statue sur une disposition dont l'application pose problème d'inconstitutionnalité entre protagonistes au cours d'un procès devant un juge ordinaire. Cela rappelle l'exigence d'un « *case* » ou « *controversy* » comme préalable à la saisine du juge suprême américain en matière constitutionnelle, en vertu du caractère concret du modèle américain.

III. Contrôle exercé par voie d'action par les autorités politiques ou publiques, les tribunaux et les citoyens

Quand il est exercé par voie d'action, ce contrôle peut se faire *a priori* ou *a posteriori*, c'est-à-dire avant ou après la promulgation d'une loi.

---

[38] Cité par BADET G., *Op. Cit.*, p. 27.

[39] FAVOREU L. *et alii*, *Droit constitutionnel. Op. Cit.*, p. 267.

Généralement, dans le système européen, la possibilité de saisine du juge constitutionnel avant l'entrée en vigueur d'une loi est réservée à aux autorités politiques comme le Président de la république, les membres du gouvernement ou une partie des parlementaires.

Après l'entrée en vigueur, la saisine du juge constitutionnel relève soit des autorités publiques, soit aussi des cours et tribunaux. Cependant, certaines spécificités nationales, comme en Allemagne par exemple, reconnaissent également aux citoyens la possibilité de saisir directement le juge constitutionnel pour censurer certaines lois qu'ils estiment inconstitutionnelles, bien que la commission de censure qui filtre ces litiges ne fasse passer que quelques-uns affaires.

Cependant, les décisions du juge s'imposent à tous.

Conclusion

Le système européen de justice constitutionnelle étant objectif, il est donc logique que la décision rendue revête le caractère absolu, peu importe que la cour ait été saisie par voie d'action ou d'exception. C'est ainsi que chaque fois que la Cour constitutionnelle statue sur une loi de manière abstraite, la logique du système veut que sa décision soit revêtue d'une autorité absolue de chose jugée. Une fois opérée la comparaison de normes, la décision de conformité ou de non-conformité de la loi et du traité, notamment, vaut à l'égard de tous. La solution dégagée s'applique ainsi, ensuite, à tous les litiges concrets soumis aux juridictions ordinaires[40].

L'autorité absolue de la chose jugée présente un intérêt à deux niveaux.

Premièrement, cette situation permet et favorise la cohérence dans l'ordre juridique interne de l'Etat, parce que désormais pour tous les cas similaires à celui tranché par le juge constitutionnel, le seul exercice à faire sera celui de s'y conformer. Deuxièmement enfin, cela permet de disposer d'une juridiction chargée de statuer exclusivement sur les questions constitutionnelles. Ce qui permet de disposer, au regard de l'importance de la Constitution dans les Etats modernes, d'une expertise avérée créée par l'expérience et grâce à laquelle on peut espérer une interprétation de la Constitutionnelle très murie et œuvre des praticiens.

Ce rôle qu'est appelé à jouer la justice constitutionnelle aujourd'hui ne lui a jamais été toujours reconnu à travers toute l'histoire de son évolution.

---

[40] FAVOREU L *et alii.*, *Droit constitutionnel. Op. Cit.*, p. 268.

Chapitre 2

Evolution de la justice constitutionnelle en France, au Bénin et en République Démocratique du Congo

L'apparition des juridictions constitutionnelles est conçue aujourd'hui comme une véritable révolution juridique. L'un des phénomènes majeurs qu'a connus le droit constitutionnel des quarante dernières années est certainement le développement de la justice constitutionnelle. Longtemps « spécialité américaine », la justice constitutionnelle s'est répandue en Europe après la seconde guerre mondiale, et a également conquis d'autres continents, comme l'Afrique, à partir des années soixante[41].

Bien que ses origines soient facilement rattachables à l'Amérique, la doctrine considère que l'idée de contrôle de constitutionnalité et partant de justice constitutionnelle moderne, avant d'être développée aux Etats-Unis d'Amérique, a été déjà consacrée par le juge anglais, Sir Edward COKE, qui appliqua en 1670 la notion de « loi supérieure » dans l'arrêt dit *Bonham,* rendu par le Tribunal de « *Common Pleas* ». Arrêt en vertu duquel fut déclarée déraisonnable et contraire à la *common law* la loi servant de fondement pour sanctionner Sieur BONHAM par le Collège des

---

[41] DIALLO IBRAHIMA, *Op. Cit*., p. 2.

Médecins de Londres, au motif qu'il aurait exercé la médecine sans autorisation.

Cette idée de confrontation de la norme inférieure à la norme supérieure, qu'est le *common law,* quoi que consacrant et instituant déjà le fondement d'une démocratie constitutionnelle dans laquelle l'œuvre du parlement devait être contrôlée n'a pas pu faire tache d'huile dans cette monarchie constitutionnelle à forte dominance parlementaire.

Cependant, lors de l'indépendance des Etats-Unis d'Amérique, cette idée fut vantée par plusieurs rédacteurs de la Constitution, c'est ainsi que Hamilton estime qu'à l'exemple des législations coloniales britanniques, le Parlement pouvait mal faire et la majorité pouvait opprimer, c'est ainsi qu'il fallait organiser un système qui permette au juge de garantir la conformité de l'œuvre législative à la Constitution, par le moyen du contrôle de constitutionnalité[42].

Malheureusement, cet argumentaire ne séduisit ni moins n'emporta l'assentiment de la majorité. Il sera tout de même repris par le *Chief* Justice dans l'arrêt *Marbury V. Madison* en 1803.

Même lorsque cet arrêt fut rendu, bien que considérant que le langage de la Constitution des États-Unis confirme et renforce le principe considéré comme essentiel pour toute Constitution écrite, qu'une loi contraire à la Constitution est nulle et que les tribunaux ainsi que les autres pouvoirs ne sont pas liés par un tel instrument, les dirigeants politiques américains remirent en cause la légitimité même et le rôle de la justice constitutionnelle incarnée par un juge non responsable politiquement[43].

Qu'à cela ne tienne, la justice constitutionnelle a continué son bonhomme de chemin jusqu'à se rependre en Europe, où face aux difficultés de la transposition du modèle américain, les idées de Hans KELSEN contribuèrent à sa

---

[42] HAMILTON A. *et alii.*, *Le fédéraliste*, Paris, Nouveaux horizons, 1954, pp. 223-224.

[43] Lire dans ce sens FAVOREU L *et alii.*, *Droit constitutionnel. Op. Cit.*, pp. 255-256.

diffusion et son édification suivant un modèle purement et proprement européen.

C'est donc ce modèle, pas très bien installé et affermi en Europe, qui a été largement transposé en Afrique, à l'occasion de la décolonisation vers les années 1960.

La justice constitutionnelle a donc été un concept à la mode dans toutes les constitutions des Etats africains nouvellement indépendants.

Cependant, la consécration fut aux antipodes de l'installation et de la mise en œuvre, avant que le vent de la pérestroïka ne vienne sonner le glas de la démocratisation et de la réinstauration de cette justice, qui a connu des leurres et désespoirs durant toute la phase de l'histoire politique africaine ayant précédé les indépendances.

Il importe de retracer l'histoire et l'évolution de la justice constitutionnelle, en France, au Bénin et en RDC, avant d'analyser les différentes missions essentielles qu'elle est appelée à accomplir, aujourd'hui, à travers les textes constitutionnels en vigueur dans chacun des Etats sous étude.

Section I : Evolution de la justice constitutionnelle en France

L'histoire de la justice constitutionnelle en France est aussi longue et complexe que l'est son histoire politique.

Avant d'aboutir au modèle de contrôle de constitutionnalité qui est en vigueur ce jour, elle a connu plusieurs balbutiements, des hauts et des bas qui rendent difficilement perceptibles les contours qui ont marqué cette réalité.

En effet, dans la doctrine, les violons s'accordent sur le fait que, quoi qu'ayant eu certaines résurgences dans l'histoire passée, la justice constitutionnelle a commencé à connaitre son apogée en France, à partir du 4 octobre 1958, date à laquelle elle s'est dotée de la constitution de la Vème république qui a conduit, plus tard, à l'installation du Conseil constitutionnel.

Il est donc logique que nous voyions ce qu'a été la justice constitutionnelle avant 1958 et ce qu'elle est aujourd'hui à partir de cette date.

Paragraphe I : La justice constitutionnelle en France avant le 4 octobre 1958

Ne voulant pas remonter jusqu'aux moments immémoriaux de l'histoire française, lorsqu'on observe l'histoire du droit français à partir du 26 aout 1789, date de la proclamation de la Déclaration des Droits de l'Homme et du Citoyen, on se rend bien compte que le mythe de la « loi expression de la volonté générale » a été le dogme au cœur du culte du « légicentrisme » de l'époque.

En effet, encore hantés par les stigmates des erreurs de la royauté à laquelle la révolution mit fin et encore sous l'euphorie de l'approbation de ce que la souveraineté appartienne désormais au peuple dont le Parlement est le représentant, il était tout à fait logique que l'œuvre de ce représentant soit dans une certaine mesure l'œuvre du peuple tout entier, sinon de sa majorité.

Dans un tel système, la minorité devait se taire parce qu'ayant politiquement tort. Ainsi, la majorité faisait la loi, laquelle ne pouvait, par ailleurs, d'aucune manière, être soumise au contrôle d'un quelconque organe. De quel droit un autre organe pouvait prétendre censurer l'œuvre du représentant direct du peuple souverain ?

Raison pour laquelle fut rejeté le projet de « *jury constitutionnaire* » présenté par SIEYES le *2 thermidor an III* (20 juillet 1795), au moment de la discussion du projet de Constitution par la Convention, au motif que « ce pouvoir monstrueux serait tout dans l'Etat et qu'en voulant donner un gardien aux pouvoirs publics, on leur donnerait un maître qui les enchaînerait »[44]. Le bicaméralisme du Parlement, grâce notamment au contrôle du Sénat, semblait être un rempart contre les velléités liberticides de la majorité.

Cependant, force est de constater que ce contrôle sénatorial fut un échec tellement retentissant qu'entre 1814 et 1870, le Conseil d'Etat et la Cour de Cassation ont tenté chacune de suppléer aux lacunes sans beaucoup de succès à cause des hésitations et contradictions dans leurs jurisprudences et surtout à cause d'une production galopante des textes constitutionnels dont certains remettent en cause certains principes et acquis précédemment.

A l'avènement de la troisième république, l'omnipotence de la majorité parlementaire ne faiblit point, et de plus en plus, les citoyens ne cessaient de décrier les interventions intempestives du parlement et les violations de leurs libertés. Cela conduisit au souhait d'instauration d'un contrôle juridictionnel des lois et partant à la consécration absolue du principe de constitutionnalité.

Pour y donner suite, dans la quatrième république qui commence en 1946, il est prévu un contrôle symbolique de constitutionalité par le comité constitutionnel de la IVème république. Lequel était présidé par le président de la République et comprenait les présidents des deux Chambres, ainsi que dix personnalités, non-membres du Parlement, élues par celui-ci, à la représentation proportionnelle des groupes politiques[45].

Cependant, le modèle ne portait aucune atteinte à l'omnipotence du Parlement parce qu'en dehors du mode complexe de saisine du Conseil pour les matières bien limitées, en cas de contradiction entre la Constitution et la loi, c'est la constitution qui était révisée pour se conformer à la loi.

---

[44] MATTHIEU G. et VERPEAUX M., *Contentieux constitutionnel des droits fondamentaux*, Paris, 2002, p. 31.

[45] Article 91 et 93 de la Constitution française du 27 octobre 1946.

En conclusion, Louis FAVOREU note qu'avant 1958, le contrôle de constitutionnalité en France était non seulement diversifié mais aussi faible[46].

Paragraphe II : La justice constitutionnelle en France à partir de 1958

A cette époque, grâce notamment aux faiblesses de l'époque « légicentrique » qui a prouvé que la majorité pouvait mal faire et face au souci accru de soumettre désormais la volonté de la majorité parlementaire à la constitution, le constituant du 4 octobre 1958, faisant allégeance au principe de constitutionnalité, a fini par consacrer clairement entre les lignes une justice constitutionnelle incarnée par le Conseil constitutionnel.

Désormais, l'obstacle de la souveraineté parlementaire, souveraineté parlementaire absolue, est balayé par le constituant de même que la pratique majoritaire de la Vème République appelle un organe régulateur faisant office de contrepoids à la fusion, dans une même majorité politique, de l'Exécutif et du Législatif, détenteur d'une véritable faculté d'empêcher, au sens de MONTESQUIEU[47].

Dès ces débuts, après son installation en mars 1959, le Conseil a fait l'objet des maintes critiques de la part des politiques et publicistes français qui le qualifient d'anomalie juridique[48]. Il a donc profité de ce début peu reluisant et lent pour poser les bases de son développement dont les décisions à partir de 1971 vont rompre avec docilité initiale.

Et aujourd'hui, la routinisation des usages de l'arme constitutionnelle dans les luttes politiques (y compris sous sa forme « dissuasive ») s'est accompagnée, comme le souligne Guy CARCASSONNE, du développement d'une «

---

[46] FAVOREU L. *et alii*, *Droit constitutionnel. Op. Cit.*, pp. 330-331.
[47] KALUBA DIBWA D., *Op. Cit.*, p. 90. RENOUX T.S. et de VILLIERS M., *Code constitutionnel*, Paris, Litec, 1994, p. 440.
[48] FAVOREU L *et alii.*, *Droit constitutionnel. Op. Cit.*, p. 332.

culture de constitutionnalité »[49] dans laquelle le Conseil occupe la place centrale.

Cette place fut l'œuvre de sa propre audace mise en œuvre pour la première fois à l'occasion de sa décision qualifiée de fondatrice du 16 juillet 1971 sur la liberté d'association.

Cette décision a permis la construction d'un bloc de constitutionnalité autour de la Constitution du 4 octobre 1958, constitué de deux déclarations des droits, l'une de 1789 consacrant essentiellement les droits-libertés, l'autre, le Préambule de la Constitution de 1946, les droits économiques et sociaux et notamment les « droits-créances ».

Cette décision ainsi que celles advenues ultérieurement ont largement contribué à légitimer le rôle et la place du Constitutionnel au sein de la doctrine, de la classe politique et de l'opinion publique au point qu'il ait été même remarqué un mouvement de constitutionnalisation de toutes branches du droit, par lequel se symbolise l'influence de la Constitution ou du Conseil constitutionnel sur toutes les branches du droit[50].

Bien plus, l'introduction de la question prioritaire de constitutionnalité (QPC), en juillet 2008 par révision constitutionnelle a marqué une nouvelle étape dans le développement de la justice constitutionnelle en France, en permettant au Conseil constitutionnel, sur renvoi du Conseil d'État ou de la Cour de cassation de se prononcer sur la conformité des lois déjà en vigueur aux droits et libertés constitutionnels[51].

Cependant, ce développement louable de la justice constitutionnelle sous l'égide du Conseil constitutionnel a fait craindre à d'aucuns la probable instauration d'un

---

[49] Cité par BASTIEN F., « La perception du Conseil constitutionnel par la classe politique, les médias et l'opinion », *Pouvoirs*, n⁰ 105, Avril 2003, p. 132.

[50] MOLFESSIS N., « L'irrigation du droit par les décisions du Conseil constitutionnel », *Pouvoirs*, n⁰ 105, Avril 2003, p. 89.

[51] FAVOREU L *et alii.*, *Droit constitutionnel. Op. cit.*, p. 333.

gouvernement des juges[52] et à faire qualifier certaines décisions du conseil d'excès de pouvoir constitutionnel[53].

Qu'à cela ne tienne, le Conseil constitutionnel est, aujourd'hui plus que jamais, un acteur majeur dans l'édification et la consolidation de l'Etat de droit constitutionnel et la démocratie française et la justice constitutionnelle y trouve, à n'en point douter, un terrain propice à son épanouissement qui n'est malheureusement pas dénoué des tares.

En est-il ainsi dans l'une de ses anciennes colonies qu'est le Bénin ?

Section II : L'évolution de la justice constitutionnelle au Bénin

Actuellement, la justice constitutionnelle béninoise constitue sans doute l'un des exemples sur le continent africain, en général, et, particulièrement, pour les Etats d'Afrique noire francophone. Car, contrairement aux autres juges qui se caractérisent par l'instrumentalisation jurisprudentielle de la « mère des lois », qui nécrose aujourd'hui la Constitution originelle, dans sa lettre et/ou dans son esprit antiautoritaire[54], le juge constitutionnel béninois s'inscrit dans une logique d'irrigation de l'arène politique béninoise défectueuse, par plusieurs décisions qui en lubrifient la marche et se place, par conséquent, au frontispice de la consolidation de l'Etat de droit constitutionnel, qui fait le bonheur des chercheurs en droit public.

Mais cela n'a jamais été le cas depuis toujours, parce que la justice constitutionnelle s'est imposée au Bénin, à cause et grâce à l'expérience de la dictature marxiste-léniniste.

---

[52] Lire PECH L., « Le remède au gouvernement des juges », Séverine BRONDEL, Norbert FOULQUIER et Luc HEUSCHLING (Dir.), *Publications de la Sorbonne*, 2001, pp. 63-113.

[53] BLACHÈR P., « Le conseil en fait-il trop ? », *Pouvoirs*, n⁰ 105, Avril 2003, pp. 19-27.

[54] BOLLE S., *Op. Cit.*, p. 15.

Le refus de l'arbitraire, repris en cœur par la rue vers la fin des années 1980, qui s'est accompagné de la volonté ferme de soumettre l'Etat au droit[55].

Cette volonté a été cristallisée par l'organisation en 1990 d'une conférence des forces vives de la nation qui a abouti, notamment, à l'instauration d'un régime pluraliste reconnaissant la liberté et la Cour constitutionnelle.

Pour s'en convaincre, il parait nécessaire d'analyser dans un premier point l'émergence de la justice constitutionnelle béninoise, s'il y en a eu une, durant toute la phase de l'indépendance jusqu'à l'aube de 1990 avant d'aboutir au second point par l'analyse de cette justice dans sa nouvelle phase qui plait à la majorité.

Paragraphe I : La justice constitutionnelle au Bénin avant 1990

Notons, dès l'entame, que le Bénin s'est doté d'une Constitution depuis la date 11 décembre 1990 ; Constitution qui fait suite aux résolutions de la conférence nationale des forces vives de la nation de février 1990.

Cette constitution s'est alors assignée comme objectif de « créer un Etat de droit et de démocratie pluraliste dans lequel les droits fondamentaux de l'homme, les libertés publiques, la dignité de la personne humaine et la justice sont garantis, protégés et promus comme la condition nécessaire au développement véritable et harmonieux de chaque Béninois tant dans sa dimension temporelle, culturelle que spirituelle[56].

Avant cette date, à l'accession du Bénin, ex République du Dahomey, à l'indépendance, en date du 1er Aout 1960, il y a eu des crises politiques graves qui ont caractérisé toute cette partie de l'histoire du Bénin.

---

[55] AÏVO F. J., « La Cour Constitutionnelle du Bénin », *Revue française de droit constitutionnelle*, 2014/3 n^0 99, p. 715.

[56] HOLO T., « L'esprit de la Constitution », *Journées de réflexion sur la Constitution du 11 décembre 1990*, 07 et 08 août 2006.

Quoi que soit restée pérenne l'option en faveur de la république[57], il faut tout de même relever que l'histoire politique a été très mouvementée et la production constitutionnelle très dense dans ce sens qu'à la veille de l'indépendance, le 28 février 1959, il est doté par l'ancienne puissance coloniale, la France, d'une constitution qui est tout de suite remplacée par une nouvelle en date du 26 novembre 1960.

A la faveur d'un coup d'Etat militaire orchestré par Monsieur Christoph SOGLO pour démettre MAGA, le 28 octobre 1963, il est adopté la Constitution 11 février 1964. Ce texte est suspendu à cause des trois coups d'Etats qui suivirent, en décembre 1965, et le quatrième le 17 décembre 1967.

Il sera de nouveau mis en place une Constitution, en date du 28 avril 1968. Malheureusement, elle ne se sera pas appliquée à cause du coup d'Etat militaire intervenu, le 10 décembre 1969, lequel sera suivi d'un autre coup d'Etat à la faveur du Général Matthieu KEREKOU.

Ce coup d'État, juridiquement institutionnalisé par l'ordonnance N° 74-68 du 18 novembre 1974 portant structure du pouvoir sous le Gouvernement Militaire Révolutionnaire, sera précédé plus tard, par la constitution marxiste-léniniste du 11 septembre 1977.

Celle-ci a pérennisé un régime de concentration à outrance du pouvoir en faveur du Président de la République et a conduit inéluctablement à un système de privation des libertés et à une gestion calamiteuse du pouvoir. Cette période fut donc marquée par le sceau d'une centralisation et d'une confiscation progressive mais quasi généralisée du pouvoir[58] comme c'était le cas à l'époque dans plusieurs pays d'Afrique noire francophone.

---

[57] Préambule de la Constitution béninoise du 11 décembre 1990.

[58] BRETON J-M, « Trente ans de constitutionnalisme dans les pays d'Afrique noire francophone entre mimétisme et réception critique : Cohérences et incohérences (1960- 1990) », Allocution au 6ième congrès français de droit constitutionnel, Montpellier, 9-11 Juin 2005.

A cette période, la vie constitutionnelle du Bénin a souffert de deux grands maux, à savoir l'organisation d'une véritable monocratie et l'instabilité politique[59].

Un tel contexte marqué par l'exclusion du peuple de la gestion de la chose publique justifie amplement la descente dans la rue pour dénoncer l'oppression et le marasme économique dont il était victime.

Cette descente dans la rue a commencé par les manifestations d'étudiants réclamant leurs bourses avant de s'étendre aux enseignants et autres fonctionnaires de l'Etat.

Voici donc la situation qui poussa le Président de la république de l'époque, Matthieu KEREKOU, à convoquer les forces vives de la nation à la conférence nationale.

Il faut noter qu'avant cette conférence qui a marqué la naissance de la justice constitutionnelle, les conflits de compétences et d'interprétation constitutionnelle n'étaient pas réglés par un arbitre, constitutionnellement désigné et ont conduit à des remises en cause permanentes de l'ordre constitutionnel, ennemies jurées de la mise en place et de la consolidation d'un Etat de droit et de démocratie pluraliste dans un Etat naissant[60].

Dans un environnement aussi macabre et instable que celui-ci, il est tout à fait inconcevable d'avoir une justice constitutionnelle efficace qui fasse réellement son travail et contribue à l'édition d'un Etat de droit.

Cette situation a tout de même été revue après la conférence nationale.

---

[59] HOLO TH., « Constitution et nouvel ordre politique au Bénin », *Revue Béninoise des Sciences Juridiques et Administratives (R. B. S. J. A)* n° 13, Décembre 1989, p. 2.

[60] BADET G., *Op. Cit.*, p. 313.

Paragraphe II : La justice constitutionnelle au Bénin après 1990

Contrairement à l'époque antérieure à la conférence nationale où la justice constitutionnelle incarnée par la Cour suprême n'était pas prolifique ni moins sérieuse, après la conférence nationale, il a été organisé clairement la justice constitutionnelle dans le nouveau texte constitutionnel et il a été créé une Cour constitutionnelle pour incarner et exercer cette prérogative importante d'un Etat de droit.

Cette cour, créée à une époque post-traumatique de l'histoire politique du Bénin et voulue comme un rempart contre « tout régime politique fondé sur l'arbitraire, la dictature, l'injustice, la corruption, la concussion, le régionalisme, le népotisme, la confiscation du pouvoir et le pouvoir personnel, est investie, dès ses origines, d'une mission lourdement sensible. Celle d'assurer d'une part, à la Constitution sa dignité de loi fondamentale et d'autre part, aux citoyens, égalité et liberté[61].

Et à ce jour, à voir la quantité et la qualité des décisions rendues par le juge constitutionnel béninois, l'on peut objectivement affirmer que la justice constitutionnelle est peu ou prou en train de réaliser non sans failles la mission qui lui a été assignée par le constituant de 1990.

En effet, cette Cour s'est illustrée par les arrêts assurant une garantie juridictionnelle des droits fondamentaux garantis aux citoyens par la Constitution et par des interventions audacieuses plus que salvatrices dans le domaine politique en vue de réguler la vie politique et d'apprivoiser la férocité des ardeurs d'hommes politiques, bien que cela ne fasse pas toujours unanimité dans l'opinion, au point que certains observateurs y ont vu un juge autoritaire et zélé[62].

Cependant, nonobstant le caractère acerbe et virulent des critiques à l'endroit du juge constitutionnel

---

[61] AIVO J-F., « La Cour constitutionnelle du Bénin », *Nouveaux cahiers du Conseil constitutionnel*, n⁰ 47-Avril 2015, p. 99.

[62] AÏVO F. J., « La Cour Constitutionnelle du Bénin », *Revue française de droit constitutionnel. Op. Cit.*, p. 716.

béninois, cela ne saurait aucunement remettre en cause le rôle combien important joué par celui-ci dans l'érection, la consolidation et l'effectivité de l'Etat de droit constitutionnel dans l'ex Dahomey.

Peut-on comparer sa trajectoire à celle suivie par la constitutionnelle congolaise ?

Section III : Evolution de la justice constitutionnelle en République Démocratique du Congo

Comme le Bénin, l'histoire politique et constitutionnelle de la RDC a été marquée par un mouvement fréquent de « *constitutionnalisation* » – « *déconstitutionnalisation* » et « *reconstitutionnalisation* ».

Cela pour ainsi dire que la République Démocratique du Congo a, avant la mise en place de la Constitution du 18 février 2006, connu plusieurs moments des leurres et désespoirs se traduisant par une instabilité politique et constitutionnelle déconcertante qui a eu des répercussions immenses sur la naissance, l'autonomie et l'exercice de la justice constitutionnelle.

Cette instabilité a été marquée par le fait que quatre années après la loi fondamentale, soit le 1er aout 1964, le Congo se dota d'une deuxième Constitution adoptée par referendum. Elle sera malheureusement suspendue, le 24 novembre 1965 par le Haut Commandement de l'Armée Nationale Congolaise jusqu'à l'adoption de la nouvelle Constitution du 24 juin 1967. Et, entre-temps, le pays était régi par une série d'ordonnances accordant des pouvoirs spéciaux au nouveau chef de l'Etat issu du coup d'Etat militaire.

A la faveur des différentes révisions constitutionnelles[63] frisant à la limite la fraude constitutionnelle, cette constitution fut vidée de sa quintessence au point de remettre en cause l'alternance démocratique, d'instaurer la

[63] Notamment la loi nº 70-001 du 23 décembre 1974.

concentration du pouvoir, au profit de l'exécutif et de légitimer un régime liberticide.

Cette situation a perduré jusqu'à la veille du 20 Avril 1990, date à laquelle le multipartisme fut réinstauré.

Juste après la Conférence nationale qui intervint en 1994, le chemin fut balisé pour la mise en place d'un régime démocratique et la restauration de la justice constitutionnelle, chose qui fut faite dans la Constitution du 18 février 2006 avant l'installation effective de la Cour constitutionnelle en 2015.

Ainsi, il nous revient de voir comment cette justice qui ressurgit dans les annales de la nouvelle Cour a été jadis couvée dans le sein de la Cour suprême de justice.

Voilà pourquoi il importe d'analyser l'évolution de la justice constitutionnelle en RDC avant et sous l'empire de la constitution du 18 février 2006.

Paragraphe I : La justice constitutionnelle en RDC avant la constitution de 2006

La Cour constitutionnelle, et partant la justice constitutionnelle, n'est pas une innovation de la Constitution du 18 février 2006 telle que modifiée et complétée à ce jour.

L'article 226 de la Loi fondamentale disposait que « la Cour constitutionnelle est composée d'une chambre de constitutionnalité, d'une chambre des conflits et d'une chambre d'Administration[64] ». L'on peut désormais constater que c'est ainsi que fut créée la Cour constitutionnelle en RDC.

De ses trois chambres, c'est la chambre de constitutionnalité qui devait jouer en gros un double rôle : celui d'organe consultatif du Gouvernement en matière des projets ou de propositions d'actes législatifs nationaux ou provinciaux et en matière de projets d'actes réglementaires des autorités centrales ou des autorités provinciales, en remplacement du Conseil de législation du Congo belge, supprimé par l'article

[64] Loi fondamentale du 19 Mai 1960 relative aux structures du Congo, *MC*, n^0 21 bis, 27 mai 1960, p.262.

259 de la Loi fondamentale du 19 mai 1960, elle avait en plus le rôle de juridiction constitutionnelle[65].

En attendant l'installation de la Cour constitutionnelle ainsi instituée mais qui n'a pas vu le jour, le Conseil d'Etat de Belgique était reconnu, par l'article 253 de la Loi fondamentale, compétent pour exercer les attributions de la Cour constitutionnelle. Cette reconnaissance de compétence au profit du Conseil d'Etat belge fut supprimée par l'article 3 de la loi constitutionnelle du 18 juillet 1963 portant modification de la Loi fondamentale du 19 mai 1960 relative aux structures du Congo.

A cette période, les compétences juridictionnelles avaient été conférées à des institutions étrangères à savoir : la Cour de cassation, le Conseil d'Etat et la Cour des comptes de Belgique. Malheureusement, l'arrêt MAHAMBA rendu le 24 mars 1961 par le Conseil d'Etat belge, agissant à titre transitoire comme juridiction constitutionnelle, a décrété l'incompétence du Conseil d'Etat belge pour cause d'impossibilité de rendre un arrêt pour un Etat étranger[66].

C'est dans cette atmosphère que fut adoptée la Constitution du 1er août 1964, laquelle avait pour mission de mettre fin à la loi fondamentale et de doter le pays d'institutions définitives, dont notamment une juridiction constitutionnelle.

C'est ainsi qu'en organisant la justice constitutionnelle, elle confia provisoirement à la Cour d'Appel de Léopold Ville, actuelle Kinshasa, la compétence de remplir cet office en attendant l'installation de la Cour constitutionnelle

---

65 *Ibidem.*

66 VUNDUAWE te PEMAKO F., *Traité de droit administratif*, Bruxelles, Larcier, 2007, p.851.

qui devait intervenir douze années après l'entrée en vigueur de la Constitution[67].

Malheureusement, à peine quinze mois après sa promulgation, la Constitution du 1er août 1964 est mise en veilleuse, à la suite du coup d'État militaire intervenu le 24 novembre 1965.

Même si par la technique de camouflage, une entreprise de recherche de légitimité, une sorte de manœuvre de charme, le Haut commandement de l'armée nationale congolaise, dans le point 4° de sa déclaration souligne que « Les institutions démocratiques de la République, telles qu'elles sont prévues par la Constitution du 1er août 1964, continueront à fonctionner et à siéger en exerçant leurs prérogatives », la Constitution sera vidée de sa substance. Elle connaîtra une grande dévalorisation : on l'invoque, tout en allant aux l'antipodes de tout ce qu'elle prescrit.

Dans ces conditions, il ne paraît guère étonnant que la Cour constitutionnelle prévue n'ait pas été installée. Le pouvoir de fait aux leviers de l'État n'avait pas besoin d'un instrument qui tracerait une marge à son action[68].

L'époque du règne de la Constitution de 1964 étant révolue, il a fallu attendre la mise en place de la Constitution du 24 Juin 1967 pour voir ressurgir de nouveau la Cour d'Appel de Kinshasa comme juge constitutionnel transitoire, en attendant l'installation soit de la Cour constitutionnelle, soit de la Cour suprême de justice, mais entre ces deux juridictions suprêmes prévues, c'est la Cour suprême qui fut installée en premier, elle dut donc assumer le rôle de

---

[67] Articles 196 et 197 alinéa 1 de la Constitution de la République Démocratique du Congo du 1er aout 1964, *MC*, n° spécial, 1er Aout 1964.

[68] BOSHAB E., Les dispositions transitoires relatives à la Cour constitutionnelle de la République Démocratique du Congo », *Fédéralisme-Régionalisme*, Vol. 7 : 2007, n°1.

juge constitutionnel, en attendant l'avènement de la Cour constitutionnelle.

Malheureusement, celle-ci fut reléguée au cadet des soucis des acteurs politiques de l'heure.

C'est ainsi que les révisions qui suivirent[69] l'entrée en vigueur de la Constitution n'eurent pour conséquence que de confirmer de façon définitive cette compétence à son profit, cela jusqu'à l'avènement de la Constitution du 18 février 2006 telle que modifiée et complétée à ce jour.

Paragraphe II : La justice Constitution sous l'égide de la Constitution du 18 février 2006

Le Constituant de 2006, voulant bâtir au cœur de l'Afrique une nation fondée sur une démocratie politique, économique, sociale et culturelle[70], a jugé important notamment d'installer une Cour Constitutionnelle[71], laquelle devait non seulement incarner la justice constitutionnelle, mais aussi et surtout pour contribuer à l'instauration de l'Etat de droit constitutionnel renvoyé aux musées de l'histoire au cours de la période dictatoriale.

---

[69] Il s'agit notamment des révisions apportées par la loi n° 74-020 du 15 aout 1974, la loi n° 78-010 du 15 février 1978 et la loi n° 88-004 du 27 janvier 1988.

[70] Préambule de la Constitution de la République Démocratique du Congo du 18 février 2006, telle que modifiée et complétée par la loi n° 11/002 du 20 janvier 2011 portant révision de certains articles de la Constitution de la République Démocratique du Congo du 18 février 2006, *JORDC*, 52ième, Numéro spécial du 5 février 2011.

[71] Article 157 de la Constitution congolaise du 18 février 2006.

Cependant, bien que prévu par la Constitution, il a fallu attendre plus de 10 ans pour que celle-ci soit installée, après l'adoption de la loi n° 13/026 du 15 octobre 2013 portant organisation et fonctionnement de la Cour constitutionnelle.

Dans l'entre-temps, la Cour suprême de justice toutes sections réunies continuait à exercer les compétences dévolues à la Cour Constitutionnelle.

Après son installation en 2015, la Cour constitutionnelle de la RDC a, dès ses débuts, suscité des espoirs et fortes attentes qui paraissaient beaucoup plus grands par rapport à sa jeunesse, sinon à sa naissance dans un Etat où le besoin de son existence avait été ressenti bien avant même sa conception dans la constitution de 2006, au risque de faire rétroagir son action.

Conclusion

C'est ainsi que dans la quête des repères de cette nouvelle juridiction qui a hérité d'une jurisprudence peu heureuse de la Cour suprême de justice en matière constitutionnelle, certains arrêts rendus dans le domaine politique après son installation ont suscité l'émoi d'une partie de l'opinion qui l'a considérée comme étant inféodée au pouvoir politique en place.

C'est vrai, l'œuvre de la Cour ne fait pas unanimité, surtout qu'elle n'y a pas vocation. Cependant, il n'en demeure pas moins qu'elle constitue aujourd'hui un moyen de restauration et de consolidation d'un Etat de droit qui demeure toujours perfectible même dans les Etats à réputation de vieille démocratie ou de démocratie consolidée.

Elle est et constitue aujourd'hui un élément important dans l'œuvre de contrôle de constitutionnalité, de protection des droits et libertés des individus et la régulation de la vie politique.

Chapitre 3

La justice constitutionnelle protectrice de la suprématie constitutionnelle

Considérée, à juste titre, comme socle de l'Etat, mieux encore la norme fondatrice de l'Etat voire de la République, la constitution est la loi suprême au sein d'un Etat moderne.

La suprématie de la constitution est devenue un élément essentiel sur lequel se fonde la hiérarchie des normes juridiques[72].

C'est ainsi qu'à la faveur de la vague de démocratisation des années 1990 en Afrique notamment, l'on assiste à une sorte d'universalisation de la justice constitutionnelle. Cette justice est devenue un indicateur important d'appréciation du caractère démocratique ou non d'un régime politique constitutionnel, mieux un dispositif de la régulation de la vie politique, voire le thermomètre de la température démocratique constitutionnelle d'un Etat.

Elle est d'une telle nécessité que l'existence d'un organe juridictionnel chargé du contrôle permet ainsi de

[72] ODIMULA LOFUNGUSO L., *Op. Cit.*, p.46.

concrétiser la suprématie de la constitution et une effective réalisation de la saisie du politique par le droit au point de conduire à ce que nous appelons « juridicisation de la vie politique »[73].

En outre, elle permet d'assurer le contrôle de constitutionnalité, car sans un organe juridictionnel investi du pouvoir d'assurer le contrôle de la conformité à la constitution des actes législatifs et réglementaires, la supériorité de la loi fondamentale équivaudrait, du point de vue juridique, à un vœu pieux, sans force obligatoire. Elle ne serait qu'une simple affirmation de principe vide de sens et dénuée d'efficience.

Voilà pourquoi l'existence d'une juridiction constitutionnelle s'impose autant que l'est l'organisation du contrôle de constitutionnalité.

Section I : Existence d'une juridiction constitutionnelle

Comme souligné ci-haut, l'existence d'une juridiction constitutionnalité est d'une importance cardinale dans une démocratie constitutionnelle, en vue de permettre à la justice constitutionnelle de remplir loyalement son office.

D'ailleurs, quand la responsabilité de la protection de la constitution est exclusivement confiée aux organes politiques, son efficience et son effectivité varient, en réalité, au gré des intérêts et d'interprétations politiques. Parfois même, ce contrôle est inopérant à cause de la méfiance de la part d'acteurs politiques de voir leurs actes soumis au droit. Pour étayer cette thèse, l'exemple de la très longue évolution de la justice constitutionnelle en France tel que développé plus haut nous parait très disert.

---

[73] *Idem*, p. 53.

Ainsi, il se constate donc, dans tous les Etats de droit constitutionnels, qu'il n'y a pas mieux qu'un juge constitutionnel indépendant et dépositaire du savoir et du savoir-faire pour faire ce travail dont la technicité est d'autant plus visible qu'elle exige également de l'expérience nécessaire que ne peut acquérir qu'un juge désigné à cet effet.

Ceci justifie également que les constituants français, béninois et congolais aient confié cette mission à des juridictions spécialisées et organisées suivant le modèle de type européen.

Par ailleurs, ces juridictions ainsi désignées justifient également leur importance, leur valeur et leur prestige par la manière dont elles sont organisées, car l'organisation d'une juridiction constitutionnelle est un détail non pas le moindre dont les implications ressurgissent dans la possibilité de sa saisine par les citoyens et surtout par la qualité des décisions qu'elle est censée rendre. Notons aussi que l'organisation d'une juridiction constitutionnelle constitue, en filigrane, la garantie de son indépendance de sa fiabilité et l'indicateur majeur de la valeur et la grandeur du rôle lui assigné par ses créateurs.

Paragraphe I : Les juridictions constitutionnelles en France, au Bénin et en RDC

I. Le Conseil constitutionnel français

Bien qu'ayant consacré au Conseil constitutionnel tout le titre VII de la Constitution de 1958 et l'Ordonnance du 7 novembre 1958 pour son organisation et son fonctionnement, à la procédure qui est suivie devant lui et notamment les délais ouverts pour le saisir de contestations, le Constituant, le législateur et l'exécutif français ont toujours été réticents à l'idée d'un réel et effectif contrôle de l'œuvre du législateur.

Cette juridiction, qui s'est hissée au rang de « Cour suprême », est au aujourd'hui, à en croire le professeur ROUSSEAU, le fruit d'une lente évolution mais audacieuse et surtout de la « révolution » de 2008 qui a introduit, en droit français, la notion de la question prioritaire de constitutionnalité[74].

En effet, créée au cours de la période « *post légicentrique* », dans laquelle le Parlement, bien que n'étant plus souverain, disposait encore de tout son prestige d'antan, et face à une farouche contestation face à la volonté de soumettre la loi à un quelconque contrôle juridictionnel, le Conseil constitutionnel français est né dans une période d'incertitude où son rôle était en inadéquation criante avec le contexte dans lequel il devait se mouvoir.

Ce cadre de naissance est contradictoire tant on attend qu'il maintienne le législateur dans le nouveau cadre, limité, de ses attributions sans pour autant lui reconnaître expressément un contrôle général de la constitutionnalité des lois[75].

Cependant, le Conseil constitutionnel est devenu aujourd'hui, le gardien de la Constitution et des droits et libertés des citoyens plus que simple arbitre des conflits de compétences entre les grands organes de l'État.

Or, pour lui éviter l'avortement à l'occasion de l'élaboration de la Constitution de la Vème république, François LUCHAIRE déclara, en vue de convaincre ses détracteurs, que de « par son mode de saisine, il (le Conseil) ne sera pas le gardien de la Constitution mais permettra de régler certains litiges d'ordre juridique opposant les grands organes de l'État »[76].

Dans son évolution jusqu'à ce jour, on peut sans doute remarquer qu'il est évidemment devenu le contraire de ce qu'on pensait qu'il sera.

---

[74] ROUSSEAU D. *et alii*, *Droit du contentieux constitutionnel*, 11ème édition, Paris, L.G.D.J., 2016, pp. 27-31.
[75] *Idem*, p. 32.
[76] *Ibidem*.

Et, ce développement tout aussi louable que remarquable est une œuvre lente et progressive qui s'est efficacement manifestée par sa grande décision du 16 juillet 1971 qui a ouvert une dynamique jurisprudentielle nouvelle[77].

En effet, par cette décision rendue sur saisine *a priori* du Président de la l'Assemblée nationale, le Conseil constitutionnel a annulé la Loi du 23 juin 1971 portant modification de la Loi du 01 juillet 1901 relative aux associations, car celle-ci instaurait un contrôle préalable effectué par l'autorité judiciaire à l'initiative du Préfet avant la création de toute association, en France.

Cette loi modificative est une réaction à la décision du tribunal administratif de Paris du 25 janvier 1971, par laquelle cette juridiction annulait, comme dans plusieurs autres jugements et arrêts des juridictions administratives françaises, une décision du Préfet de police de Paris refusant de délivrer le récépissé de la déclaration des statuts aux fondateurs de l'Association « les Amis de la Cause du Peuple ». Le tribunal estimant que la loi du 1er juillet 1901 relative aux associations ne donnait pas à l'autorité administrative, le pouvoir d'apprécier préalablement la licéité de l'association et la légalité de ses statuts[78].

En annulant cette loi du 23 juin 1971, le Conseil Constitutionnel a, selon la doctrine française effectué une « révolution », premièrement en consacrant la liberté d'association comme étant un principe constitutionnel alors même qu'aucun article dans la Constitution de 1958 ne le dispose en tant que tel, et deuxièmement en effectuant un contrôle de constitutionnalité sur la matière contenue dans la loi plutôt que de ne s'arrêter qu'à un contrôle sur la procédure de son adoption ou sur la répartition des compétences entre l'exécutif et le législatif.

Ceci rend illimité le champ des compétences du Conseil, qui jadis était très limité, en l'élargissant de façon très

---

[77] *Idem*, p. 38.

[78] *Idem*, pp. 42-43.

remarquable et lui permet de s'imposer comme institution clé de la 5ième république[79].

En outre, cette montée en puissance du Conseil constitutionnel français n'a sans cesse alimenté les débats tant sur son statut, sa légitimité que sur ses membres.

1. Statut du Conseil constitutionnel

Relativement aux dispositions pertinentes de l'Ordonnance n° 58-1067 du 7 novembre 1958 portant loi organique sur le Conseil constitutionnel[80], il y ressort que celui-ci dispose d'une autonomie administrative, réglementaire et financière.

a. Autonomie administrative

A côté de sa mission juridictionnelle, le Conseil dispose d'une administration placée sous l'autorité du Président du Conseil, elle est dirigée par un Secrétaire général nommé, par Décret du Président de la République, sur proposition du conseil[81].

Il dispose, en outre, d'un service juridique composé d'un magistrat judiciaire, d'un magistrat administratif et d'un administrateur de l'Assemblée nationale ou du Sénat détachés pour un temps limité.

A ce personnel, il faut ajouter également un service documentation, un service de presse et d'information, un greffier et divers autres agents publics recrutés directement par le président[82].

b. Autonomie réglementaire

L'organisation et le fonctionnement du Conseil constitutionnel trouvent un encrage d'abord constitutionnel ensuite législatif. Cependant, il arrive qu'au-delà de certains

---

[79] *Ibidem.*

[80] *Journal officiel* du 9 novembre 1958, p. 10129.

[81] Article 1 du Décret n° 59-1293 du 13 novembre 1959 relatif à l'organisation du secrétariat général du Conseil constitutionnel, *Journal officiel,* du 15 novembre 1959.

[82] FAVOREU L. *et alii*, *Droit constitutionnel. Op.Cit.*, p. 339.

principes ressortis de sa propre jurisprudence, le Conseil soit régi par un certain nombre d'actes administratifs règlementaires qu'il prend pour remblayer le vide laissé par le manque de règlementation dans certains domaines ou pour élucider ou rendre beaucoup plus pratiques les textes le régissant qui existent déjà.

Il en est ainsi par exemple de la Décision du Conseil constitutionnel n° 2016-135 ORGA du 8 septembre 2016 relative à l'élection du Président de la république au suffrage universel[83] ou du Règlement intérieur sur la procédure suivie devant le Conseil constitutionnel pour les questions prioritaires de constitutionnalité[84].

c. Autonomie financière

Le principe d'autonomie financière dispense le Conseil constitutionnel d'avoir à justifier ses dépenses auprès du gouvernement ou du Parlement.

Suivant l'article 16 de l'Ordonnance n° 58-1067 du 7 novembre 1958 portant loi organique sur le Conseil constitutionnel « les crédits nécessaires au fonctionnement du Conseil constitutionnel sont inscrits au budget général. Le président du Conseil est ordonnateur des dépenses.

Ce budget est établi par le Conseil constitutionnel lui-même et voté sans modification ni discussion par le Parlement. Le président est ordonnateur et les paiements sont effectués par un « trésorier » nommé par lui et responsable devant lui.

2. Les membres du Conseil

Suivant les prescrits de l'article 56 de la Constitution française, le Conseil est composé de neuf membres nommés, pour un mandat de neuf ans non renouvelable.

Trois sont nommés par le Président de la république, trois par le Président du Sénat et trois autres par le Président de l'Assemblée nationale.

---

[83] *Journal officiel du* 10 septembre 2016.

[84] *Journal officiel* du 18 février 2010.

Dans sa version initiale, la constitution française ouvrait le champ à un très large pouvoir discrétionnaire au bénéfice des autorités chargées de nommer les membres du Conseil constitutionnel. Mais depuis la révision de 2008, désormais ce pouvoir de nomination est soumis à certaines conditions : Le Président de la République nomme trois membres après avis public des Commissions permanentes de l'Assemblée nationale et du Sénat.

Il ne peut procéder aux nominations si l'addition des votes négatifs dans chaque commission représente au moins trois cinquièmes des suffrages exprimés au sein des deux commissions.

Il en est de même des Présidents des deux Assemblées dont les nominations ne sont soumises qu'au seul avis de la commission compétente de la chambre concernée.

Leur mandat entamé, il est irrévocable sauf en cas de démission volontaire dument constatée par les autres membres.

En sus, un mandat peut être renouvelé au profit d'un nouveau membre qui est nommé en remplacement d'un autre démissionnaire ou décédé, mais qui a siégé moins de trois ans.

Par ailleurs, chaque trois ans, trois membres nommés par chacune des autorités quittent et sont remplacés par des nouveaux, nommés dans les mêmes conditions que les partants.

En dehors de ces membres nommés, il existe également au Conseil les membres de droit à vie, ce sont les anciens Présidents de la république.

C'est donc parmi tous les membres qui le composent qu'est nommé, par le Président de la République, le Président du Conseil constitutionnel.

Celui-ci dispose d'une voix prépondérante en cas de partage.

Mais, les fonctions des membres sont soumises à certaines incompatibilités et obligations.

a. Incompatibilités

En vue de garantir la dignité et l'indépendance des membres du Conseil, il a été organisé un certain nombre d'incompatibilités avec leurs fonctions.

Les fonctions de membre du Conseil sont incompatibles avec celles de Ministre ou de membre du Parlement[85], du Conseil économique, social et environnemental, ainsi qu'avec celles de Défenseur des droits, l'exercice de toute fonction publique et de toute autre activité professionnelle ou salariée, les fonctions d'Avocat et toute autre fonctions électorale[86].

Cependant, les membres du Conseil constitutionnel peuvent se livrer à des travaux scientifiques, littéraires ou artistiques.

Et ils ont droit à prétendre aux autres nominations ou fonctions compatibles, sauf qu'en pareil cas, ils sont tenus de démissionner et de se faire remplacer par d'autres personnes.

b. Obligations

Autant leurs fonctions sont honorables, autant ils sont astreints à certaines obligations pour conserver cette honorabilité et donc la dignité.

Ainsi, après nomination, ils prêtent un serment, devant le Président de la République, qui reprend entre-autre l'obligation de garder le secret des délibérations et des votes ; interdiction de prendre une position publique sur les questions ayant fait, ou susceptibles de faire l'objet de décisions du Conseil ; interdiction de donner des consultations sur les affaires relevant de la compétence du Conseil ; interdiction de laisser mentionner la qualité de juge constitutionnel dans tout document susceptible d'être publié et relatif à toute activité publique ou privée ; interdiction d'occuper un poste de responsabilité ou de direction au sein d'un parti ou groupement

---

[85] Article 57 de la Constitution française de 1958

[86] Articles 4 et 5 l'Ordonnance n° 58-1067 du 7 novembre 1958 portant loi organique sur le Conseil constitutionnel français.

politique et, de façon plus générale, d'y exercer une activité inconciliable avec l'indépendance et la dignité de membre du Conseil[87].

Ces obligations sont sans doute inhérentes à un exercice digne des fonctions des conseillers constitutionnels, fonctions exercées également sous d'autres cieux comme au Bénin.

II. La Cour constitutionnel du Bénin

La Cour constitutionnelle est la plus haute juridiction de l'Etat en matière constitutionnelle. Elle est juge de la constitutionnalité de la loi et elle garantit les droits fondamentaux de la personne humaine et les libertés publiques. Elle est l'organe régulateur du fonctionnement des institutions et de l'activité des pouvoirs publics, c'est en ces termes que la Constitution béninoise du 11 décembre 1990 définit la Cour constitutionnelle.

Celle-ci est sans doute, au regard de l'histoire politique béninoise mouvementée, l'une des réponses envisagées contre tout le désordre politique ayant prévalu avant la conférence nationale dont les actes ont largement influencé l'organisation du contentieux constitutionnel et l'attribution des compétences à cette juridiction.

Pour compléter la Constitution, l'organisation et le fonctionnement de la Cour sont également régis par la loi N° 91-009 du 31 mai 2001portant loi organique sur la Cour constitutionnelle, le Règlement intérieur de la Cour constitutionnelle du 5 juillet 1993, le décret N° 94-11du 26 janvier 1994 portant obligations des membres de la Cour constitutionnelle, le décret N°94-12 du 26 janvier 1994 portant attributions, organisation et fonctionnement du Secrétariat Général de la Cour constitutionnelle, le décret N° 96-34 du 5 février 1996 portant création, organisation, fonctionnement du greffe de la Cour constitutionnelle, le décret N° 97-274 du 9 juin 1997 portant modification du décret N° 94-12 du 26 janvier 1994 portant attributions, organisation et fonctionnement du

---

[87] ROUSSEAU D. *et alii*, *Op. Cit.*, pp. 85-86.

Secrétariat général de la Cour constitutionnelle et le décret N° 97-275 du 9 juin 1997 portant modification de l'article 2 du décret N° 94-11 du 26 janvier 1994 sur les obligations des membres de la Cour constitutionnelle.

Il ressort de la lecture combinée des dispositions pertinentes de tout cet arsenal juridique que la Cour constitutionnelle du Bénin est organisée autour de ses membres et d'autres services qui constituent son administration.

1. Les membres de la Cour constitutionnelle

Celle-ci est composée de sept membres, dont quatre nommés par le Bureau de l'Assemblée nationale et trois par les Président de la République, pour un mandat de 5 ans renouvelable une seule fois.

Parmi ces sept membres, il doit y avoir trois magistrats, ayant une expérience de quinze années au moins, dont deux sont nommés par le Bureau de l'Assemblée nationale et un par le président de la République ; deux juristes de haut niveau, professeurs ou praticiens du droit, ayant une expérience de quinze années au moins, nommés l'un par le Bureau de l'Assemblée nationale et l'autre par le président de la République ; deux personnalités de grande réputation professionnelle, nommées l'une par le Bureau de l'Assemblée nationale et l'autre par le président de la République[88].

Ces membres doivent prêter serment avant d'entrer en fonction.

La législation béninoise assure une certaine protection aux membres de la Cour constitutionnelle, en ce qu'elle assure leur inamovibilité et leur garantit une immunité juridictionnelle.

Ceux-ci ne peuvent être poursuivis ou arrêtés, sauf en cas de flagrance, que sur autorisation de la Cour constitutionnelle et du Bureau de la Cour suprême siégeant en session conjointe.

En outre, les fonctions des membres de la Cour sont assorties de certaines incompatibilités.

---

[88] Article 115 de la Constitution béninoise.

En effet, celle-ci sont incompatibles avec la qualité de membre de Gouvernement, l'exercice de tout mandat électif, de tout autre emploi public, civil ou militaire ou de toute autre activité professionnelle ainsi que de toute fonction de représentation nationale, sauf si le Président de la Cour est appelé à assurer les fonctions de Président de la République, en cas de sa mise en accusation devant la haute Cour.

Elles sont également incompatibles avec les fonctions de membres de la Haute Autorité de l'Audiovisuel et de la Communication, de la Cour Suprême ou du Conseil Economique et Social.

Ainsi, tout membre qui accède à ces fonctions est remplacé par un autre dans les conditions de nomination de celui qui est tombé sous le coup des incompatibilités[89].

Ils ont aussi l'obligation de s'interdire, pendant la durée de leurs fonctions, de prendre aucune position publique ou de consulter sur des questions ayant fait ou étant susceptibles de faire l'objet de décisions de la part de la cour ; de laisser mentionner leur qualité de membre de la Cour Constitutionnelle dans tout document susceptible d'être publié et relatif à toute activité publique ou privée ; d'occuper au sein d'un parti ou gouvernement politique, tout poste de responsabilité ou de direction, d'y exercer une activité incompatible avec leurs fonctions[90].

La Cour fonctionne avec un Bureau chapeauté par un Président élu par ses pairs, parmi les Magistrats et Juristes membres de la Cour, à la majorité absolue des membres, pour une durée de cinq ans.

Il est secondé par un Vice-président élu dans les mêmes conditions que lui et dispose d'un cabinet qu'il dirige.

---

[89] Article 115 alinéa 6 de la Constitution béninoise et l'article 9 de la loi n° 91-009 du 04 mars 1991 portant loi organique sur la Cour constitutionnelle modifiée par la loi du 31 mars 2001.

[90] Article 1 du Décret n° 97-275 du 09 juin 1997 portant modification de l'article 2 du décret 94-11 du 26 janvier 1994 sur les obligations des membres.

2. Autres services de la Cour

Le fonctionnement de la Cour est ordonné autour de l'activité du Secrétariat général et des conseillers[91].

Le Secrétariat général est l'organe central de l'organisation administrative de la Cour[92].

À l'analyse, le secrétariat général de la Cour apparaît comme la cheville ouvrière de la juridiction. Y entrent toutes les requêtes et en sortent les délibérations de la Cour[93] et celui-ci comprend le service administratif et financier, le service juridique, de la documentation et publications et le service central du courrier.

III. La Cour Constitutionnelle de la RDC

Il est institué une Cour constitutionnelle[94], c'est en ces termes que le Constituant de 2006 à crée la Cour constitutionnelle en RDC. Plus tard, par la promulgation de la loi n^{0} 13/026 du 15 octobre 2013 portant organisation et fonctionnement de la Cour constitutionnelle et son installation en 2015 qu'a été franchie la phase de l'effectivité et qu'a été abandonnée celle de hantise de la Cour constitutionnelle dans l'évolution constitutionnelle congolaise[95].

Désormais, le Congo dispose d'une juridiction constitutionnelle après toutes ces années d'attente, bien que celle-ci doive partir d'un bilan mitigé et d'une confiance presque effritée par la jurisprudence constitutionnelle de la Cour suprême qui remplissait son office provisoirement.

---

[91] AÏVO F. J., « La Cour Constitutionnelle du Bénin », *Revue française de droit constitutionnel. Op. Cit.*, p. 726.

[92] Article 1 du Décret n° 94-012 du 26 janvier 1994 portant attributions, organisation et fonctionnement du Secrétariat général de la Cour constitutionnelle.

[93] AÏVO F. J., « La Cour Constitutionnelle du Bénin », *Revue française de droit constitutionnel. Op. Cit.*, p. 726.

[94] Article 157 de la Constitution de la République Démocratique du Congo.

[95] BOSHAB E.« *Les dispositions transitoires relatives à la Cour constitutionnelle de la République Démocratique du Congo ». Op. Cit.*

Qu'à cela ne tienne, la juridiction constitutionnelle nouvellement créée ne perd pas de sa valeur et de son estime tant qu'elle a été voulue par tous ceux qui ont plaidé pour la déconcentration du contentieux juridique congolais[96] qui paraissait nécessaire pour décongestionner la Cour suprême de justice et avoir un juge spécialisé en contentieux constitutionnel.

Bien qu'à ces jours, après presque cinq ans d'existence, les arrêts qui ont vraiment fait large échos dans l'opinion aient été essentiellement liés au processus électoral. Cette juridiction assez méconnue par la plupart des congolais a également rendu multiples arrêts portant sur d'autres questions dont notamment le contrôle de constitutionnalité et la protection des droits des citoyens.

Tout ce travail qu'elle abat est organisé autour de ses membres, du parquet près cette juridiction et d'autres services qui y concourent.

1. Les membres de la Cour constitutionnelle

Bien que la nomination des membres de la Cour constitutionnelle soit l'œuvre du Président de la République, leur désignation n'échappe pas pour autant à la houlette politique. De neuf qu'ils sont, le Parlement réuni en Congrès désigne trois, le Président trois et les trois autres sont issus du Conseil Supérieur de la Magistrature[97].

Ceux-ci sont nommés, pour une durée de neuf ans non renouvelable. Cependant, chaque trois ans, il est procédé, par tirage au sort, au renouvellement de la Cour.

Estimant qu'il est de la plus grande importance d'accorder dans la composition de la juridiction constitutionnelle une place adéquate aux juristes de profession[98], de neuf membres que compte la Cour, Cinq

---

[96] KABANGE NTABALA C., «Quelle constitution pour la Troisième République face aux réalités zaïroises ? », *Annales de la Faculté de Droit*, vol.XXV, Kinshasa, PUZ, août 1996, pp.98-99.
[97] Article 158 de la Constitution du congolaise du 18 février 2006.
[98] KELSEN H., *Op. Cit.*, 1928, p. 227.

doivent impérativement être des juristes issus de la Magistrature, du Barreau ou de l'enseignement universitaire.

Ainsi, au-delà de trois juristes issus du Conseil Supérieur de la Magistrature, le Parlement doit désigner un juriste parmi les trois qu'il sélectionne et un autre par le Président de la Président de la République[99].

Après avoir été nommés, le mandat commence à courir, à dater de la prestation de serment.

Pour diriger le bureau, les membres de la Cour élisent leur Président, à la majorité absolue des suffrages exprimés. Et il est investi par ordonnance présidentielle.

Dans le fonctionnement interne de la Cour, il assure le fonctionnement l'administration et est l'autorité de nomination des membres de son cabinet et de ceux des autres membres.

En dehors de la Cour, il assure la représentation de celle-ci et agit en son nom auprès des tiers.

Comme pour brandir la place de la Cour au sein des institutions de la République, son Président est l'autorité la plus élevée dans la hiérarchie de la magistrature en RDC dont il assure la présidence. A ce titre, la place protocolaire qu'il occupe est non négligeable.

Les membres de la Cour ont droit à un traitement et à des avantages qui assurent leur indépendance et leur dignité[100].

En outre, ils sont soumis, sous peine des sanctions, à l'obligation générale de réserve, de dignité et de loyauté envers l'Etat.

Et leurs fonctions sont incompatibles avec celles de membres du Gouvernement, l'exercice de tout mandat électif, l'exercice de tout emploi public, la qualité de mandataire public, l'appartenance à un parti politique, un regroupement politique ou un syndicat.

---

[99] Article 5 alinéa 2 de la loi organique n^0 13/026 du 15 octobre 2013 portant organisation et fonctionnement de la Cour constitutionnelle.

[100] Article 27 de la loi organique sur la Cour constitutionnelle congolaise.

2. Parquet Général près la Cour constitutionnelle

Bien que cela puisse paraitre incongru pour les uns[101] et que d'autres le critiquent sévèrement[102], il est institué, comme nulle part au monde, un Parquet général près la Cour constitutionnelle, lequel est dirigé par un Procureur général.

Il recherche et constate les infractions relevant de la compétence de la Cour, soutient l'accusation et requiert les peines, il émet des avis motivés dans les autres matières de la compétence de la Cour et assiste à toutes les audiences de la Cour, auxquelles Il peut présenter des observations[103].

Il est secondé par deux Avocats généraux.

Ils ont également droit à un traitement et à des avantages qui assurent leur indépendance et leur dignité et sont soumis à l'obligation générale de réserve, de dignité et de loyauté envers l'Etat.

L'exercice de leurs fonctions est soumis aux mêmes incompatibilités que celui des membres de la Cour.

Ils sont, en outre, assistés, en dehors des membres des cabinets, par une administration dirigée par un Secrétaire Général nommé par le Président de la République.

3. Autres services de la Cour

Parmi ceux-ci, il faut évoquer le greffe, les conseillers référendaires, le service de documentation, d'études et de publication.

a. Le Greffe de la Cour

Il est dirigé par un Greffier en chef ayant le grade de Secrétaire général de l'Administration publique et est

---

[101] BOLLE S., «Vers une Cour constitutionnelle à la congolaise», *http://www.la-constitution-en-afrique.org/.* (Consulté le 26 juin 2020).
[102] BOLLE ST., «Quelle Cour constitutionnelle en RD du Congo? », *http://www.la-constitution-en-afrique.org/.* (Consulté le 26 juin 2020).
[103] Article 14 de la loi organique sur la Cour constitutionnelle congolaise.

composé de plusieurs greffiers, des huissiers et des agents administratifs.

Chargé de recevoir et d'enrôler les affaires dont la Cour constitutionnelle est saisie, le Greffier tient le plumitif d'audiences et veille à l'accomplissement de tous les actes de procédure.

A ce titre, il détient et manipule plusieurs registres.

C'est donc clair que les attributions du greffe près la Cour constitutionnelle sont similaires à celles des greffes de toutes les juridictions ordinaires.

b. Les Conseillers référendaires

Ce sont des collaborateurs techniques des membres de la Cour, lesquels sont placés sous l'autorité du Président de la Cour.

Ils sont recrutés après justification d'au-moins quinze ans d'expérience juridique pour les juristes et d'expérience politique ou administrative pour les non juristes.

Sur le maximum de soixante qu'ils sont, trois quarts au moins doivent être des juristes[104].

Par ailleurs, comme les membres de la Cour, ils ont aussi droit à un traitement et à des avantages qui assurent leur indépendance et leur dignité.

Ils sont également soumis, sous peine des sanctions, à l'obligation générale de réserve, de dignité et de loyauté envers l'Etat.

---

[104] Article 22 de la loi sur la loi organique sur la Cour constitutionnelle congolaise.

Et leurs fonctions sont incompatibles avec celles de membres du Gouvernement, l'exercice de tout mandat électif, l'exercice de tout emploi public, la qualité de mandataire public, l'appartenance à un parti politique, un regroupement politique ou un syndicat.

c. Le Service de Documentation, d'Etudes et de Publication

Ce service est créé par le Règlement intérieur de la Cour et placé sous la supervision d'un des membres assistés par des conseillers référendaires, du greffier en chef et des collaborateurs désignés, à cet effet, par le Président.

Son organisation et fonctionnement sont fixés par l'Ordonnance du Président de la Cour délibérée, en plénière.

Il est chargé de gérer toute la documentation issue de la Cour ou toute celle nécessaire à l'accomplissement de son travail.

Elle constitue un service d'archives et de réflexion sur les actes juridiques qui concourent à l'accomplissement de la mission de la Cour constitutionnelle.

L'organisation et le fonctionnement des trois juridictions constitutionnelles ci-haut abordées paraissent être justifiés par la délicatesse des missions leur dévolues comme nous le verrons plus loin, et sont dictées, en toile de fond, par un souci commun qui est celui de mettre en place des juridictions aux statuts particuliers, voilà pourquoi, il y a certains éléments particuliers à leur existence dans ces Etats sur lesquels il est important de revenir et de marteler en vue de baliser la voie à la compréhension des missions essentielles qui leur sont dévolues.

Paragraphe II : Eléments particuliers importants liés aux juridictions constitutionnelles française, béninoise et congolaise

Qu'elle soit appelée Conseil en France ou Cour au Bénin et en RDC, au-delà de leurs attributions quasisimilaires, les juridictions constitutionnelles de ces trois Etats semblent avoir en commun, non sans raison, un certain nombre d'éléments qui ne se justifient pas à première vue mais s'imposent quand on s'y prend avec beaucoup d'attention et de technicité.

Cet état des choses se justifie, en notre sens, par trois raisons évidentes. Premièrement, ces juridictions ont été installées après plusieurs années d'atermoiement et de refus d'acteurs politiques de voir leurs actes être soumis au droit.

En France, comme démontré plus haut, la longue tradition parlementaire et la souveraineté de la loi n'ont été que des pesanteurs à sa mise en place, par contre au Bénin et en RDC[105], tous les cafouillages, désordres politiques et le monolithisme qui y ont prévalu jusqu'à l'aube des conférences nationales dans les années quatre-vingt-dix n'étaient pas de nature à permettre à un quelconque juge de connaitre, en toute indépendance, de la constitutionnalité des actes émanant de l'exécutif ou de législatif caporal de l'exécutif et caisse de raisonnante de ses velléités suprématistes. Notons qu'il y a quand-même eu quelques arrêts épars et courageux soit du juge administratif, soit du juge constitutionnel transitoire[106].

Deuxièmement, à leur début, ces juridictions n'ont pas trouvé un terrain politique et une opinion publique propices à l'exercice indépendant de leurs compétences. En

---

[105] NDIAYE MOUHAMADOU, « La stabilité politique, nouveau défi démocratique du juge africain », *Annuaire international de justice constitutionnelle, XXXIII-2017*, pp. 667-669. BALDE S., « Juge constitutionnel et transition démocratique. Etude de cas en Afrique subsaharienne francophone », *http//: www.la-constitution-en-afrique.over-blog.com/article-juge-constitutionnel -et-transition-democratique-64902944.html.* (Consulté le 27 juin 2020).

[106] En RDC, notamment l'arrêt RA 226 du 8janvier 1993 dit arrêt Témoins de Jéhovah. Voir KALUBA DIBWA D, « le constitutionnalisme congolais : de la démocratie électorale à la démocratie constitutionnelle », *http//:La-constitution-en-afrique.over-blog.com/article-de-la-democratie-electorale-a-la-democratie-constitutionnelle-54494462.html.* (Consulté le 27 juin 2020).

France, la crainte d'un gouvernement des juges[107] et le débat de sa légitimité[108] qui a continué jusqu'après son installation et la méfiance de la classe politique n'ont pas permis à cette juridiction de poser directement ses marques de façon déterminante, c'est ainsi qu'elle a commencé à œuvrer de façon timide jusqu'à s'imposer telle qu'elle est aujourd'hui.

Par ailleurs, au Bénin et en RDC, cette justice mal comprise à ces débuts et les Cours constitutionnelles dont se sont méfiés plus d'un au regard des décisions constitutionnelles controversées dont elle devait hériter de leurs prédécesseurs, n'ont pas effectivement joué en faveur de leur réception, mais le besoin de nouveauté et de conformité aux principes démocratiques et le souci de ne plus vivre ce qui a prévalu avant les conférences nationales ont semblé être le plus grand argument en faveur de l'avènement de ces juridictions.

Aujourd'hui, pourfendeurs et admirateurs de ces juridictions peuvent néanmoins s'accorder sur une chose, le travail de ces juridictions, certes pas toujours apprécié par tous, contribue à la consolidation de l'Etat de droit et renforcement des acquis des conférences nationales

Troisièmement enfin, tous ces Etats étant issus de la tradition romano-germanique, ayant en commun la langue française et, les constitutions béninoise et congolaise, ayant été très largement inspirées de la Constitution française de la Vème République[109], il se dégage un certain nombre d'éléments qui rappellent l'implication politique lors de la désignation des membres, la consécration du caractère juridictionnel et une certaine organisation spéciale.

---

[107] CAPPELLETTI M, *Op. Cit.*, p 626.

[108] *Idem*, pp. 639-645.

[109] POLLET-PANOUSIS S., « La Constitution congolaise de 2006 : petite-sœur de la Constitution française », *Revue française de droit constitutionnel 2008/3 (n° 75*). VUNDUAWE te PEMAKO F., *Op. Cit.*, p. 114. BOLLE S., « Des constitutions « made in » afrique ». *Op. Cit.*

I. Organisation quasi-politique des juridictions constitutionnelles

Dans son organisation, le pouvoir ou l'autorité judiciaire est la seule au sein de l'Etat dont la légitimité n'est pas forcément issue des urnes. Bien que sur proposition de l'organe gestionnaire des carrières des magistrats, ceux-ci sont généralement nommés et promus par le Chef de l'Etat qui n'est pas moins acteur politique que chef de l'exécutif.

Cependant, pour ce qui est des juridictions constitutionnelles, la tendance est de confier le plus souvent la désignation de leurs membres aux acteurs politiques. Ainsi, en France, le Président désigne 3 membres, mais il est tenu d'avoir aussi les avis des Commissions permanentes compétentes des deux chambres parlementaires, cela suppose nécessairement l'exercice du vote, ce qui pourrait amplement faire intervenir les conciliabules politiques entre acteurs en face, surtout si leurs intérêts divergent.

Cela peut aussi être le cas lors de la désignation des trois autres membres par le Président du Sénat et de trois autres par le Président de l'Assemblée nationale qui sont aussi tenus à avoir les suffrages favorables des commissions permanentes compétentes de leurs chambres respectives.

La situation est d'autant plus politique en RDC, quand, au-delà de trois membres désignés par le Président de la République, le Parlement réuni en congrès en désigne trois. Cela accroit la possibilité de voir se dessiner au-travers les arrêts de la Cour, les couleurs politiques d'acteurs qui la composent, surtout que dans le contexte politique congolais, les désignations politiques ne sont jamais l'œuvre du hasard ni moins justifiées seulement par la compétence, c'est souvent une faveur accordée à laquelle on attend généralement une réciprocité, en cas de besoin. Au regard de la délicatesse de la mission des membres de la Cour, cela parait très dangereux et de nature à faciliter des dissensions entre membres si le torchon brule entre acteurs politiques qui les y ont envoyés.

Au Bénin, la désignation est tellement politique que cela accroît considérablement le risque d'avoir une Cour composée de juges appartenant au même courant politique[110]. En effet, le Président désigne trois membres et les quatre autres le sont par le Bureau de l'Assemblée nationale.

Cette situation pourrait permettre d'avoir les membres d'une même tendance politique s'il y a concordances des majorités parlementaire et présidentielle. Et même s'il est virtuel, il apparaît comme un des inconvénients du modèle béninois et une source d'érosion de la légitimité de la Cour[111].

L'organisation de la Cour donne une part belle aux acteurs politiques, cependant, elle ne remet pas forcément en cause son caractère juridictionnel.

II. Le caractère juridictionnel

A travers les juridictions constitutionnelles, les questions constitutionnelles et politiques sont désormais judiciarisées et « juridictionnalisées ».

Appelées Cour ou Conseil, ces juridictions ont la mission de « dire le droit » et de trancher des litiges qui leurs sont confiés dans le cadre des compétences contentieuses.

Ainsi, les litiges de constitutionnalité ou électoraux notamment ont vocation à trouver un dénouement devant elles.

Bien plus, leurs décisions, généralement prises en premier et dernier ressort, sont imposables à tous et ne sont susceptibles d'aucun recours.

Voilà pourquoi, en dépit de l'appellation membres, ces juridictions sont composées de véritables juges chargés de donner le droit aux faits qui leurs sont soumis.

En RDC, d'ailleurs, il est organisé un parquet général près cette juridiction comme cela est le cas auprès des autres juridictions de droit commun qui existent, n'est-ce pas là le moyen de marquer indéniablement son caractère juridictionnel ?

---

[110] AÏVO F. J., « La Cour Constitutionnelle du Bénin », *Revue française de droit constitutionnel. Op.Cit.*, p. 719.
[111] *Idem.*

III. Organisation spéciale

Ces juridictions sont organisées de façon spéciale, si en RDC, la Cour constitutionnelle fait partie du pouvoir judiciaire, tel n'est pas le cas en France et au Bénin où elles sont des juridictions autonomes mais qui sont quand-même dans le système judiciaire à cause de leur mission de dire le droit.

Leur organisation spéciale apparait également par la place qu'elles occupent au sein de la hiérarchie juridictionnelle du pays, elles sont placées au sommet et certains rôles accordés à leurs Présidents ne font que ressurgir leur rayonnement ; en RDC par exemple, le Président de la Cour est Président du Conseil supérieur de la magistrature et au Bénin, il peut même occuper les fonctions de Président de la République, dans certaines situations.

Toute cette particularité dans l'organisation fait transparaître l'importance des compétences qu'elles exercent, surtout en assurant le contrôle de constitutionnalité des lois.

Section II : Organisation du contrôle de constitutionnaliste

Dans le modèle « Kelsenien » à partir duquel sont calqués les modèles congolais, français et béninois, il y est privilégié l'idée d'un ordre pyramidale des normes, dans lequel la constitution occupe le sommet de la pyramide et comme conséquence, il faut l'épuration des normes inférieures qui lui sont contraires dans le souci d'avoir un ordre en harmonie avec la règle de base. Autrement, la primauté de la constitution, en raison de la pyramide de norme serait une absurdité[112] et la constitution risque d'être considérée comme un simple parchemin que l'on peut raturer et dont peut dénaturer le contenu sans crainte d'une quelconque sanction[113].

---

[112] BOSHAB E., « Les droit de la constitution à l'aurée de l'an 2000 ». *Op. Cit.*, p. 84.

[113] BOSHAB E., « Les dispositions constitutionnelles transitoires relatives à la Cour constitutionnelle de la République Démocratique du Congo ». *Op. Cit.*

Voilà pourquoi, de toutes les missions reconnues à la justice constitutionnelle, celle relative au contrôle de constitutionnalité est celle qui, non seulement, a marqué sa naissance mais aussi parait la première et celle qui justifie son essence même dans l'ordonnancement juridique d'un Etat.

Bien plus, par le contrôle de constitutionnalité, la Cour constitutionnelle s'érige en chien de garde de la démocratie[114] et assure la protection de certaines valeurs essentielles à l'émergence d'un Etat de droit comme les droits et libertés fondamentaux des citoyens.

Ce contrôle est intra-normatif parce qu'il porte essentiellement sur la confrontation des normes inférieures à la norme supérieure[115]. A ce titre, la norme supérieure qu'est la constitution est supposée être l'unité de mesure de la validité et de la régularité des normes inférieures, lesquelles ne doivent avoir *droit à la vie* que par l'incarnation de celle-là.

Cependant, la confrontation des normes inférieures à la Constitution n'est pas aussi aisée que cela parait parce que, d'une part cela implique une interprétation exacte du texte constitutionnel et de la loi, et d'autre part, l'émergence de la théorie de la *supra constitutionnalité* et le développement de l'idée du *bloc de constitutionnalité*.

L'interprétation de la constitution est sans doute une la mission naturelle du juge constitutionnel, car comment appliquer un texte qu'il n'a pas interprété, mieux auquel il n'a pas donné la portée exacte ou l'entendement qu'il a de lui ?

Pour cela, il dispose d'une ribambelle des techniques qui ont pour finalité de lui permettre d'interpréter fidèlement la constitution, surtout de trouver la volonté réelle du constituant.

---

[114] DJOLI ESENG'EKELI J., « Le souverain primaire face à la Cour constitutionnelle », *Congo-Afrique*, n⁰ 526 juin-juillet-aout 2018, 58ième année, Kinshasa, CEPAS, p. 590.

[115] BADET S.-G., *Contrôle intra normatif et contrôle ultra normatif de constitutionnalité. Contribution à l'identification des sous catégories du modèle kelsénien de justice constitutionnelle à partir des systèmes belge et béninois*, Thèse de doctorat en droit, Université Catholique de Louvain, 2011-2012, pp. 62-66.

Par ailleurs, la théorie de *supraconstitutionnalité*[116] suppose l'existence de certaines normes internes dans l'Etat qui ont une valeur *extra-constitutionnelle, c'est-à-dire* sont externes à la constitution. Ces normes, quoi que non contenues dans la constitution, sont imposables aussi bien au juge constitutionnel qu'au constituant dérivé.

En France, à en croire la doctrine, ces principes ou normes comportent essentiellement les droits fondamentaux, la Déclaration française des Droits de l'Homme et du Citoyen de 1789, le principe de souveraineté nationale, les principes généraux du droit à valeur constitutionnelle[117] et l'existence d'une coutume à valeur supraconstitutionnelle.

Nous estimons qu'au regard de la délicatesse et de la portée pédagogique de sa mission, le juge constitutionnel n'est censé que de recourir au droit positif. Par ailleurs, pourquoi faudrait-il hiérarchiser les normes dans un texte unique alors même que l'un de grands théoriciens du droit, Hans KELSEN, ne l'a conçue que dans le cadre d'un ordre juridique ?

D'ailleurs, sans être exhaustif, tous ces principes supposés relever du droit naturel supérieur à la légalité constitutionnelle sont intégrés dans les constitutions congolaise[118] et béninoise[119]. Le juge ne saurait motiver et

---

[116] Lire GOZLER KEMAL, *Le pouvoir de révision constitutionnelle*, Thèse de doctorat en droit, Université Montesquieu - Bordeaux IV, 1995, pp. 283-300.

[117] La séparation des pouvoirs et la continuité des services publics qui n'étaient pas consacrés dans la Constitution française, mais le Conseil y a fait recours dans certains arrêts, en leur reconnaissant une certaine valeur constitutionnelle. Il s'agit notamment des arrêts Conseil const., n° 79-104 DC, du 23 mai 1979, *Territoire de Nouvelle Calédonie. Rec.*, p.27 et Conseil const.., n° 79-105 DC, du 25 juillet 1979, *Droit de grève à la radio et à la télévision*, *Rec.,*p.33.

[118] Le Titre II de la Constitution congolaise du 18 février est consacré aux droits et libertés fondamentaux des citoyens.

[119] Le Titre II de la Constitution aborde les droits et devoirs des citoyens et l'article 3 consacre le principe de souveraineté nationale.

convaincre en annulant une loi pour inconstitutionnalité alors même qu'aucune disposition constitutionnelle n'a été matériellement violée au motif qu'il existerait un principe extraconstitutionnel supérieur sur base duquel il l'aurait épurée, sauf peut-être dans le cas du recours au bloc de constitutionnalité.

Le bloc de constitutionnalité implique la connaissance des textes de référence au regard desquels les lois peuvent être appréciées.

Développé en France, dans une théorisation chère à Louis FAVOREU qui, sans en être le précurseur[120], le définit comme étant l'ensemble des principes et des règles à valeur constitutionnelle dont le respect s'impose au pouvoir législatif, et d'une manière générale à toutes les autorités administratives et juridictionnelles ainsi qu'aux particuliers[121].

En France, après moult débats sur la composition du bloc de constitutionnalité, les violons s'accordent sur le fait que celui-ci comporte la constitution proprement-dite, la Déclaration de 1789, les principes fondamentaux reconnus par les lois de la République française, les principes énumérés dans le Préambule de la Constitution de 1946, la Charte de l'environnement de 2004, et les principes ayant valeur constitutionnelle[122].

Au Bénin, ce bloc comporte la Constitution de 1990, en ce compris le préambule qui renvoie à la Charte des Nations Unies du 26 juin 1945, la Déclaration Universelle des Droits de l'Homme du 10 décembre 1948 et la Charte Africaine

---

[120] Concept dont la paternité revient à Claude EMERY, Lire CLAVIERE-SCHIELE J, *Les techniques juridictionnelles du Conseil constitutionnel*, Mémoire de DES de droit public, Université de Paris, 1960, p. 81. Cité par AKEREKORO H, « La Cour constitutionnelle et le bloc de constitutionnalité au Bénin », Revue afrilex.u-bordeaux4.fr/la-cour-constitutionnelle-et-le.html. Consulté le 2 juillet 2020.

[121] FAVOREU L., « Bloc de constitutionnalité », DUHAMEL O. et MENY Y. (Dir.), *Dictionnaire constitutionnel*, 1ère édition, Paris, PUF, 1992, p. 87.

[122] ROUSSEAU D. *et alii*, *Op. Cit*, 231.

des Droits de l'Homme et des Peuples de juin 1981 auquel l'article 7 de la Constitution fait référence s'agissant seulement de la première partie consacrée aux droits et devoirs des citoyens.

La doctrine juridique béninoise, se fondant sur le texte constitutionnel et la jurisprudence constitutionnelle ajoute également la loi organique portant organisation et fonctionnement de la Cour constitutionnelle ainsi que le règlement intérieur de cette même juridiction[123].

Cela parce que les lois organiques, dans la hiérarchie des normes, occupent une place intermédiaire entre la constitution et les lois ordinaires[124] et s'analysent en une législation constitutionnelle complémentaire dans la mesure où elle vise à prolonger et à permettre la mise en vigueur de la Constitution[125].

Cependant, il faut relativiser ce point de vue avec Hilaire AKEREKORO lorsqu'il estime, non sans raison, qu'en réalité affirmer la censure d'une loi pour violation de la loi organique portant organisation et fonctionnement de la Cour constitutionnelle du Bénin est un raisonnement par induction[126] parce que lorsque le juge constitutionnel censure une loi ordinaire, le fondement de cette censure n'est pas en dernière analyse la méconnaissance de la loi organique par le texte censuré, mais la méconnaissance par celui-ci des dispositions de la Constitution[127], c'est d'ailleurs en ces termes que le débat est clos en France par le Conseil constitutionnel sur la place des lois organiques dans le bloc de constitutionnalité[128].

---

[123] AKEREKORO H, *Op. Cit.*, p. 12.

[124] DEBARD T., *Dictionnaire de droit constitutionnel. Op. Cit.*, p. 257.

[125] MIEL H., « Les lois organiques », *RDP*, mars-avril 1984, p. 410.

[126] AKEREKORO H, *Op. Cit.*, p. 12.

[127] VEDEL G., « La place de la Déclaration de 1789 dans le "bloc de constitutionnalité" », *La Déclaration des Droits de l'Homme et du Citoyen et la Jurisprudence*, Paris, Puf, 1989, p. 35.

[128] Cour const., 60-8 DC, 11 août 1960, R. p. 25 : le Conseil sanctionne les dispositions législatives qui « ne peuvent être regardées comme conformes aux prescriptions de la loi organique du 2 janvier

Pour revenir au cas béninois, il est également intégré, dans cet arsenal composant le bloc de constitutionnalité, la jurisprudence constitutionnelle et certains principes que la Cour constitutionnelle crée, qualifiés des principes à valeur constitutionnelle, ils sont des normes qui, sans être contenues dans le corps même de la Constitution, ont un rang constitutionnel[129]. Ces principes ainsi dégagés s'imposent parce qu'il leur est reconnue une valeur constitutionnelle issue de la valeur reconnue aux arrêts qui les portent.

C'est ainsi qu'il est considéré que le juge constitutionnel béninois a créé le principe à valeur constitutionnelle du consensus national, celui de la représentation proportionnelle majorité/minorité et la transparence électorale[130].

Au-delà de la polémique autour du pouvoir normatif du juge constitutionnel, il semble, à bien d'égards, que

---

1959 relatives aux lois de finances et par suite à celles de l'article 34 de la Constitution qui renvoient expressément à ladite loi organique. » Lire ROUSSEAU D *et alii*, *Op. Cit.*, p. 247.

[129] FAVOREU L., « 1977, Année charnière : le développement de la saisine parlementaire et la jurisprudence relative aux libertés et droits fondamentaux », *Revue du Droit Public et de la Science Politique en France et à l'étranger*, 1978, p. 840.

[130] Cour const., *Décision DCC 34-94*, du 23 décembre 1994 (Contrôle de constitutionnalité de la loi créant la Commission Electorale Nationale Autonome (CENA) au Bénin). Cour const., *Décision DCC 06-074*, du 08 juillet 2006 (Contrôle de constitutionnalité de la loi de révision de l'article 80 de la Constitution béninoise du 11 décembre 1990). KPODAR A., « Les juridictions constitutionnelles et les crises en Afrique noire francophone », *Les juridictions constitutionnelles et les crises*, Actes du 5ème congrès de l'Association des cours constitutionnelles ayant en partage l'usage du français (A.C.C.P.U.F.), Cotonou, juin 2009, p. 50. AKEREKORO H., « Entrer dans la joie de la démocratie libérale. A propos de la Décision DCC 11-047 du 21 juillet 2011 de la Cour Constitutionnelle du Bénin », *Droit et Lois, Revue Trimestrielle d'Informations Juridiques et Judiciaires,* n° 028, 2012, pp. 78-84. BADET G., *Les attributions originales de la Cour Constitutionnelle du Bénin. Op. Cit.*, p. 292.

la création de ces principes obéit au souci soit d'assurer la protection des droits et libertés des citoyens, soit aussi de permettre un fonctionnement régulier des institutions étatiques.

En RDC, la maigre activité du contrôle de constitutionnalité, par le juge constitutionnel ne nous permet pas encore de déceler clairement une conception précise qu'il se fait du bloc de constitutionnalité ou encore du contenu qu'il entend lui donner.

Ainsi, procédant à une analyse des décisions éparses par lui rendues et cogitant en tenant compte de l'ordonnancement juridique congolais, on peut déjà faire remarquer qu'au-delà du dispositif de la Constitution de 2006, la construction du bloc de constitutionnalité bénéficie également de l'apport de la loi portant organisation et fonctionnement de la Cour constitutionnelle et de son règlement intérieur, bien que comme souligné plus haut, la référence à ces deux textes pour annuler une loi soit en réalité une référence aux articles de la Constitutions qui les prévoient.

On peut sans doute se demander si face à une carence des principes à valeur constitutionnelle issus de la jurisprudence constitutionnelle depuis l'installation de la Cour, il n'est pas loisible de considérer le préambule de la Constitution congolaise ainsi que les textes auxquels il fait référence comme relevant du bloc de constitutionnalité.

En effet, si en France et au Bénin, les Constitutions renvoient expressément aux préambules, il n'existe en RDC aucune disposition constitutionnelle qui ait fait pareil renvoie. Cependant, dans son contenu, la constitution congolaise, semble revenir sur certaines matières y contenues si bien que ce renvoi semble quelque peu superfétatoire.

Il en est ainsi, par exemple, du Titre II de la Constitution consacré aux droit et libertés fondamentaux qui englobent toutes les trois générations des Droits de l'Homme promus et protégés tant sur le plan régional africain qu'international.

En outre, les traités et accords internationaux régulièrement conclus ont dès leur publication, une autorité supérieure à celle des lois[131]. Tenant compte du monisme juridique avec supériorité du droit international ainsi consacré, il parait clair que les conventions régionales et universelles relatives aux droits humains soient applicables au prétoire congolais. Cela étant, le préambule semble vidé de son contenu.

Cependant, nous estimons, pour notre part, que le préambule de la Constitution de 2006 conserve sa quintessence et doit être intégré dans le bloc de constitutionnalité pour deux raisons : premièrement il est admis, en doctrine que, contrairement à sa relégation à la périphérie normative des règles constitutionnelles, sa réhabilitation oblige qu'il soit mis aux frontispices, puisque c'est lui qui véhicule le mieux l'esprit de la Constitution, l'idée de droit de la norme fondamentale, tel le Saint des Saints où on va rechercher une nouvelle naissance lorsque l'on s'égare de la route tracée[132].

Le préambule de la Constitution de 2006 remplit cet office en précisant que cette constitution a été conçue notamment dans le but de combattre l'injustice en considérant que celle-ci avec ses corollaires, l'impunité, le népotisme, le régionalisme, le tribalisme, le clanisme et le clientélisme, par leurs multiples vicissitudes, sont à l'origine de l'inversion générale des valeurs et de la ruine du pays[133].

Rien ne pourrait empêcher au juge constitutionnel de censurer toute législation qui irait dans le sens de consacrer une injustice de fait ou de droit.

Cette constitution participe également à la création d'un Etat de droit et d'une Nation puissante et prospère, fondée sur une véritable démocratie politique, économique, sociale et culturelle[134].

---

[131] Article 2015 de la Constitution congolaise du 18 février 2006.

[132] KPODAR A., « Controverse doctrinale », *Annuaire Béninois de Justice Constitutionnelle, Dossier spécial, 21 ans de jurisprudence de la Cour constitutionnelle du Bénin (1991-2012)*, Presses Universitaires du Bénin, 2013, p. 713.

[133] Préambule de la Constitution de la Constitution congolaise du 18 février 2006.

[134] *Idem.*

Toutes ces valeurs méritent bien d'être « *normativées* » par la jurisprudence constitutionnelle en s'y référant si besoin et nécessité il y a.

Deuxièmement, dans le préambule, il est affirmé l'adhésion et l'attachement du peuple congolais à la Déclaration Universelle des Droits de l'Homme, à la Charte Africaine des Droits de l'Homme et des Peuples, aux Conventions des Nations Unies sur les Droits de l'Enfant et sur les Droits de la Femme, particulièrement à l'objectif de la parité de représentation homme-femme au sein des institutions du pays ainsi qu'aux instruments internationaux relatifs à la protection et à la promotion des droits humains[135].

Bien que la plupart des droits consacrés dans ces instruments juridiques soient repris dans la Constitution, il n'en demeure pas moins que celle-ci s'y soit référée juste dans de grandes lignes, la constitution n'étant qu'une source de normativité médiate dont les grands principes sont détaillés dans d'autres instruments juridiques. Il n'est donc pas proscrit au juge de se référer aux détails contenus dans ces instruments juridiques pour appliquer la constitution dans son préambule.

Cela serait une évocation explicite du préambule et, par ricochet, une consécration de sa valeur juridique, plus que nécessiteuse, et son intégration sans ambages dans le bloc de constitutionnalité.

Par ailleurs, comme dans les droits béninois et français, l'appartenance de la loi organique portant organisation et fonctionnement de la Cour constitutionnelle au bloc de constitutionnalité est certaine tant dans les visas de ces décisions, il s'en réfère. Cependant, cette référence est indirecte car la vraie source de sa compétence est la constitution dont cette loi n'est que la résultante de l'article 169[136].

---

[135] *Ibidem.*

[136] Qui stipule que l'organisation et le fonctionnement de la Cour constitutionnelle sont fixés par une
loi organique.

Quant aux décisions de la Cour et principes à valeur constitutionnelle, les réponses sont dans la constitution et dans les arrêts de la Cour.

Les arrêts de la Cour constitutionnelle ne sont susceptibles d'aucun recours et sont immédiatement exécutoires. Ils sont obligatoires et s'imposent aux pouvoirs publics, à toutes les autorités administratives et juridictionnelles, civiles et militaires ainsi qu'aux particuliers[137].

Il en ressort que les arrêts précédents de la Cour, surtout ceux en interprétation, peuvent justifier l'annulation d'un acte juridique pris en violation de ceux-ci.

Et c'est dans ces arrêts que la Cour fait ressurgir la notion des principes à valeur constitutionnelle, il en est ainsi, par exemple, du principe de continuité de l'Etat dans l'arrêt du 11 mai 2016[138].

C'est donc ce bloc qui sert de référence aux juridictions constitutionnelles de ces trois Etats en vue d'apprécier la constitutionnalité des normes et autres actes juridiques.

Paragraphe I : Contrôle de constitutionnalité des normes et d'autres actes

La justice constitutionnelle, telle que conçue par Hans KELSEN, est essentiellement normative et dictée par le souci de veiller à la pureté de l'ordre juridique, en mettant en place un mécanisme destiné à annuler, de manière générale, et *erga omnes,* toute norme infra constitutionnelle contraire à la Constitution[139]. Voilà pourquoi l'épluchage des dispositions constitutionnelles congolaises, béninoises et françaises renseigne qu'il est prévu, dans ces Etats, le contrôle de

---

[137] Article 168 de la Constitution congolaise du 18 février 2006.

[138] Cour const., Arrêt R. Const. 262, du 11 mai 2016, *JORDC*, numéro spécial, 5 juillet 2016.

[139] BADET S.-G., *Le Contrôle intra normatif et ultra normatif de constitutionnalité, Op. Cit.*, pp. 64-65.

constitutionnalité des lois, des actes ayant force des lois, des actes règlementaires ainsi que d'autres actes tels que les décisions de justice, les actes extra normatifs comme des propos tenus à l'occasion d'un discours ou d'une émission de télévision[140].

I. Contrôle de constitutionnalité des lois

La loi est, au sens matériel, toute règle de droit de caractère général, abstrait et permanent[141].

A cette définition générale et imprécise, il faut ajouter la définition formelle qui considère la loi comme tout acte édicté par le législateur suivant la procédure législative fixée par la Constitution[142].

Celle-ci est l'œuvre parlementaire par excellence et l'expression la plus importante justifiant sa mission au sein de l'Etat.

Le contrôle de constitutionnalité des lois mérite d'être analysé sur les différentes formes des lois qui existent et sont consacrées par les textes sous étude : loi constitutionnelle et référendaire, loi organique et loi ordinaire.

1. Loi constitutionnelle et référendaire

Définie au sens formel, la constitution est un texte dont la révision est soumise à certaines règles particulières en vue de garantir sa supériorité, c'est justement en cela que diffère une constitution rigide de la constitution souple, dont les règles de révision ne sont pas particulières, mais identiques à celles d'une loi ordinaire.

A la lecture des dispositions pertinentes des textes sous étude, l'on se rend pertinemment compte que les trois constitutions sont rigides tant elles astreignent la procédure de révision à certaines conditions[143], interdisent la révisions

---

140 Ce large champs est ratissé par le juge constitutionnel béninois qui s'est ainsi exprimé dans la Décision DCC 13-071 du 11 juillet 2013.

141 VUNDUAWE te PEMAKO F., *Op. Cit.*, p. 2017.

142 *Ibidem*.

143 Conditions liées à l'initiative, qui appartient à l'exécutif, au Parlement, et, parfois, au peuple.

durant certaines périodes[144] et interdisent la révision de certaines matières[145] précises.

Mais si tous les obstacles juridiques sont surmontés, une disposition constitutionnelle peut valablement être révisée par une loi constitutionnelle.

Loin de vouloir analyser toute la théorie relative à la révision constitutionnelle, il nous parait judicieux de préciser le propos sur l'éventuelle compétence dévolue au juge de connaitre ou non de la constitutionnalité d'une loi constitutionnelle.

Pour y arriver, nous analysons d'abord les textes avant d'interroger la jurisprudence y relative.

De la lecture des dispositions constitutionnelles des textes sous étude, aucune constitution ne reconnait *in clari* à sa juridiction constitutionnelle le pouvoir de statuer sur la constitutionnalité des lois constitutionnelles, serait-ce par souci d'éviter de voir le juge constitutionnel scier l'arbre sur lequel il est assis en censurant l'acte du constituant quoi que dérivé soit-il ? Ne serait-ce pas là un crime de lèse-majesté ? Doit-on, par conséquent, conclure en une immunité juridictionnelle absolue constitutionnellement consacrée au profit de ce type des lois ?

---

[144] L'article 219 de la Constitution congolaise du 18 février 2006 proscrit toute révision pendant l'état de guerre, l'état d'urgence ou l'état de siège, ni pendant l'intérim à la présidence de la République, ni lorsque l'Assemblée nationale et le Sénat se trouvent empêchés de se réunir librement. Il en est de même des constitutions béninoise et française, qui interdisent aux articles 156 alinéa 1 et 89 alinéa 4 l'engagement ou poursuite des révisions constitutionnelles lorsqu'il est porté atteinte à l'intégrité du territoire.

[145] En RDC, suivant les prescrits de l'article 220 alinéa 1 de la Constitution du 18 février 2006, la forme républicaine de l'Etat, le principe du suffrage universel, la forme représentative du Gouvernement, le nombre et la durée des mandats du Président de la République, l'indépendance du Pouvoir judiciaire, le pluralisme politique et syndical, ne peuvent faire l'objet d'aucune révision constitutionnelle. En France et au Bénin, en vertu des articles 89 alinéa 5 de la Constitution française et 156 alinéa 2 de la Constitution béninoise, la forme républicaine et la laïcité de l'État ne peuvent faire l'objet de révision.

De l'analyse du droit positif des trois Etats, aucun texte ne reconnait effectivement aux juridictions la compétence de censurer les actes du constituant dérivé.

Cependant, dans la pratique, il s'avère que certains juges ont censuré ces lois.

Si en RDC, les juridictions constitutionnelles n'ont jamais été saisies de pareille question et donc n'ont jamais eu à se prononcer sur leur compétence ou pas, tel n'est pas le cas avec le juge béninois qui, pour sa part, a déjà déclaré inconstitutionnelle une loi constitutionnelle au motif que, même si la Constitution a prévu les modalités de sa propre révision, la détermination du peuple béninois à créer un Etat de droit et une démocratie pluraliste, la sauvegarde de la sécurité juridique et de la cohésion nationale commandent que toute révision tienne compte des idéaux qui ont présidé à l'adoption de la constitution, notamment, le consensus national, principe à valeur constitutionnelle[146].

Cet argumentaire justifiait à lui seul la compétence de la juridiction en l'absence d'une disposition constitutionnelle lui reconnaissant la compétence de statuer sur pareils actes.

Le juge français, par contre, bien que saisi à trois reprises, n'a jamais censuré ces lois au motif qu'il est incompétent[147] ou que « le pouvoir constituant est souverain »[148].

---

[146] SINDJOUN L., Les *grandes décisions de la justice constitutionnelle africaine. Droit constitutionnel jurisprudentiel et politiques constitutionnelles au prisme des systèmes politiques africains,* Bruxelles, Bruylant, 2009, p.333.

[147] Dans la décision n° 62-20 DC du 6 novembre 1962, portant sur la loi relative à l'élection du Président de la République au suffrage universel direct, adoptée par le référendum du 28 octobre 1962, *JORF*, 7 novembre 1962, p. 10778 et de la décision n° 2003-469 DC du 26 mars 2003, portant sur la révision constitutionnelle relative à l'organisation décentralisée de la République, *JORF*, 29 mars 2003, p. 5570.

[148] Dans la décision n° 92-312 DC du 2 septembre 1992, portant sur le Traité de l'Union européenne, *JORF*, 3 septembre 1992, p. 12095.

Actuellement, face à l'argument péremptoire du Conseil, il est donc clair de considérer qu'en France, le débat est quasiment clos et que toute initiative tendant à faire contrôler une loi constitutionnelle par le Conseil serait vaine parce que sa posture est connue.

Pour revenir au cas congolais où ni la Cour, ni aucune autre juridiction avant elle n'a jamais été saisie de pareil cas, on peut en guise d'hypothèse, suggérer une déclaration de compétence et une décision, pour trois raisons :

Premièrement, plutôt que de refuser à la science du droit d'inventer [des] solutions lorsqu'elles n'existent pas positivement[149], nous estimons que la science peut valablement servir d'éclaireur de la cité en proposant d'avance des solutions aux problèmes qui n'existent pas encore. Ainsi, nous référant à l'article 160 alinéa 1, il est reconnu à la Cour la compétence de statuer sur la constitutionnalité des lois, sans une définition claire et nette de ces lois, la Cour pourrait ainsi faire œuvre utile en faisant une interprétation large de cette disposition, en y incluant également les lois constitutionnelles, d'ailleurs aucune norme du droit positif ne saurait s'opposer à pareille interprétation.

Deuxièmement, nous estimons que pour respecter la souveraineté, du reste limitée, du pouvoir constituant dérivé, il serait loisible que pareil contrôle intervienne avant la promulgation, moment durant lequel la norme sous examen n'est encore qu'un projet ou proposition de loi qui, bien qu'adopté par le peuple ou le congrès, ne peut atteindre sa phase finale irréversible qu'après promulgation, acte par lequel il devient obligatoire et imposable à tous.

Troisièmement, pareille attitude de la part de la Cour rencontrerait valablement le souci d'assurer la protection de la Constitution dont les options fondamentales, en Afrique, sont souvent remises en cause à l'occasion des révisions constitutionnelles, sous l'œil impuissant de son protecteur souvent cloitré derrière des incantations liées à son incompétence.

---

[149] GOZLER K., *Op.Cit.*, 462.

Bien plus, si la Constitution est ce que les juges disent qu'elle est[150], ne peuvent-ils pas dire qu'elle leur reconnait le pouvoir de traquer les révisions liberticides et « démocraticides » ?

Quant aux lois référendaires, celles-ci sont l'expression de la souveraineté du peuple et donc ne peuvent pas être soumises au juge.

Celui-ci ne s'arrêtant qu'à apprécier la régularité du référendum.

2. Contrôle des traités et accords

En principe, dans les trois Etat, les traités et accords internationaux ne sont susceptibles d'un quelconque contrôle de constitutionnalité *a posteriori*, le seul contrôle possible s'effectue *a priori*, avant la ratification du traité.

Ce contrôle est particulier parce que s'il est décelé une clause contraire à la Constitution dans le traité ou l'accord, c'est la Constitution qui est révisée avant la ratification[151].

Et une fois ratifié, le traité ou l'accord intègre la législation nationale et a une valeur supérieure à celle des lois nationales, sous réserve pour chaque traité ou accord, de son application par l'autre partie[152].

En dehors de ce contrôle, l'autre contrôle possible demeure celui qui porte sur la loi de ratification, laquelle peut être attaquée en inconstitutionnalité *a posteriori*, ce contrôle peut porter sur la procédure de son élaboration.

En dehors de ce cas, le traité ou l'accord à lui seul ne peut pas être soumis au contrôle du juge constitutionnel après sa publication.

---

[150] DJOLI ESENG'EKELI J., *Droit constitutionnel. Op. Cit.*, p. 154.

[151] Article 54 de la Constitution française de 1958, article 146 de la Constitution béninoise et l'article 216 de la Constitution congolaise du 18 février 2006.

[152] Article 215 de la Constitution congolaise du 18 février 2006.

3. Loi organique

Dans toutes les trois constitutions, la loi organique est impérativement soumise par l'exécutif à la Cour constitutionnelle pour être contrôlée avant sa promulgation. Cette transmission n'est pas facultative et n'est assortie d'aucune condition liée au doute de constitutionnalité dont pourrait arguer l'exécutif, c'est plutôt une imposition constitutionnelle non assortie d'exception, ni des conditions d'appréciation.

Cependant, au-delà de toute définition légale, les lois organiques dans ces constitutions sont qualifiées de telles, c'est-à-dire, seule la constitution détermine s'il faut appeler une loi d'organique ou pas, et dès lors qu'elle est qualifiée d'organique, elle est votée suivant une procédure particulière et spécialement organisée par la Constitution.

Cette loi n'est soumise en première lecture dans l'une des chambres qu'après l'expiration d'un délai de 15 jours, en RDC et au Bénin, et de 6 semaines, en France, suivant son dépôt.

Pour son adoption, en RDC et en France, elle doit l'être en termes identiques entre l'Assemblée nationale et le Sénat, s'il y a des divergences, une commission paritaire mixte doit être mise en place pour aplanir les divergences, si elles persistent alors l'Assemblée nationale adopte à la majorité absolue en dernière lecture, tandis qu'au Bénin, le Parlement étant monocaméral, seul l'Assemblée nationale l'adopte à la majorité absolue.

Ces lois entrent bel et bien dans la sphère des compétences du juge constitutionnel, c'est ainsi qu'en date du 7 janvier 1988, dans sa décision, le Conseil constitutionnel français prononce l'invalidation totale d'une loi organique qui, prise sur le fondement du dernier alinéa de l'article 34 de la Constitution, n'avait pas, selon lui, en réalité pour objet de compléter la liste des matières relevant du domaine de la loi mais celui de réglementer la procédure législative[153], la loi y ayant contrevenu, elle a été purement et simplement annulée.

En France, le contrôle de l'objet de la loi a amené le Conseil à distinguer nettement deux hypothèses : lorsqu'une loi organique porte sur une matière pour laquelle la Constitution n'a pas prévu de loi organique, ou contient des dispositions qui relèvent du domaine de la loi ordinaire, le Conseil se contente de reclasser chaque disposition dans sa catégorie organique ou ordinaire sans prononcer l'inconstitutionnalité de ces empiétements134 ; lorsqu'en revanche une loi ordinaire intervient sur une matière organique, le Conseil la déclare contraire à la Constitution[154].

Au Bénin, avant la promulgation de la loi organique ou ordinaire, lorsque la requête de saisine du juge constitutionnel émane d'un citoyen, elle est déclarée irrecevable. C'est le cas dans la Décision DCC 00-076 du 07 décembre 2000 où la Cour Constitutionnelle a clairement jugé que le recours exercé par un simple citoyen contre une loi non promulguée est irrecevable[155], le monopole de saisine à ce niveau étant exclusivement reconnu au pouvoir public.

Néanmoins, après leur entrée en fonction, ces lois ainsi que les lois ordinaires peuvent être déférées devant le juge constitutionnel, par les citoyens.

4. Loi ordinaire

Partant de la définition précédemment donnée des lois organiques, on en déduit donc que toute autre loi non qualifiée d'organique par la constitution est une loi ordinaire.

---

[153] Conseil const., 87-234 DC, 7 janvier 1988, R. p. 26. Citée par ROUSSEAU D. et alii, *Op. Cit.*, p. 140.

[154] *Ibidem.*

[155] Cour Constitutionnelle du Bénin, *Recueil des décisions et avis 2000*, pp. 279-281. Cité par AKEREKORO H., « Le procès constitutionnel au Bénin », *Annuaire béninois de justice constitutionnelle. Op. Cit.*, p. 74.

Ces lois ont un domaine d'intervention bien défini[156], déterminité et délimité dans la Constitution et toute autre matière qui ne relève pas de ce domaine est un acte règlementaire.

Les lois ordinaires ne sont pas impérativement soumises au contrôle du juge constitutionnel, dans la phase précèdent leur entrée en vigueur.

Mais si le doute sur la constitutionnalité existe, les dirigeants des organes parlementaires, le Président de la République ainsi qu'un dixième des Sénateurs et Députés peuvent valablement saisir la juridiction constitutionnelle dans la procédure *a priori*, pour obtenir l'annulation de celle-ci.

Dès qu'elle entre en vigueur, désormais les citoyens disposent de la possibilité d'exciper son inconstitutionnalité en cours d'instance ou de saisir directement la Cour pour solliciter son annulation pure et simple.

5. Les édits provinciaux en RDC

Ayant mis en place le régionalisme constitutionnel, une forme d'Etat à cheval entre le fédéralisme et l'unitarisme, la Constitution congolaise du 18 février 2006 a organisé des paliers des pouvoirs au sein de l'Etat ; le pouvoir central et les provinces, lesquelles disposent d'une autonomie politique large leur permettant de disposer des Gouvernements et des Parlements provinciaux[157].

Les Assemblées provinciales légifèrent par voie d'édits[158], lesquels sont en réalité des actes législatifs dont l'annulation n'est possible que devant le juge constitutionnel.

II. Les actes ayant force de loi

Les actes ayant force de loi ne sont pas définis dans les constitutions sous étude, la doctrine essaie de nous en préciser la portée mais avec des divergences.

---

[156] En RDC, ce sont les articles 123 et 123 de la Constitution qui fixent essentiellement le domaine de la loi. En France, c'est l'article 34 de la Constitution et au Bénin c'est l'article 98 de la Constitution.

[157] Article 195 de la Constitution du 18 février 2006.

[158] Article 196 alinéa 2 de la Constitution de du 18 février 2006.

Paul-Gaspard NGONDANKOY relève que les actes ayant force de loi sont, au départ, des actes du pouvoir exécutif (Président de la République, Premier Ministre, Conseil des Ministres, etc.) mais qui n'acquièrent la nature législative que par la volonté du constituant, en raison de la nature législative des matières déléguées au pouvoir exécutif[159].

Felix VUNDUAWE est d'un avis contraire. Pour cet auteur, les actes ayant force de loi sont constitués de toutes déclarations de volonté émanant de l'exécutif et destinées à produire, en vertu de la Constitution ou des théories de circonstances exceptionnelles, des effets juridiques équipollents à ceux d'une loi[160].

Il en découle donc qu'il faut faire la part des choses entre les actes ayant force de loi proprement dits ; ceux issus de l'exécutif intervenant dans le domaine législatif et ceux édictés par l'exécutif en raison des circonstances exceptionnelles.

En effet, il s'avère qu'en vertu de la séparation des pouvoirs, le Gouvernement ne devrait pas intervenir dans le domaine de la loi, mais le fonctionnement de l'Etat est soumis à un autre principe, celui de la continuité et de la régularité des affaires de l'Etat ; la combinaison de ces deux principes va alors justifier la possibilité qui sera laissée au Parlement pour que ce dernier accepte de se dessaisir momentanément d'une partie de son pouvoir législatif et qu'il autorise ainsi le Gouvernement à exercer une fonction législative, par ricochet. C'est sur base de compromis que la procédure de l'élaboration d'actes ayant force de lois passe deux phases importantes, celle de la loi d'habilitation et celle de la loi de ratification[161].

---

[159] NGONDANKOY-ea-LONGYA P.-G., *Le contrôle de la constitutionnalité en République Démocratique du Congo. Etude critique d'un système de justice constitutionnelle dans un Etat à forte tradition autocratique*, Thèse de doctorat en sciences juridiques, Université Catholique de Louvain, 2008, p. 188.

[160] VUNDUAWE te PEMAKO F., *Op.Cit.*, pp. 231-232.

[161] YUMA BIABA L., *Manuel de droit administratif*, Kinshasa, CEDI, 2012, p. 43.

Cette délégation du pouvoir législatif[162] est souvent dictée par le souci de décongestionner le pouvoir législatif dont le nombre croissant des charges ne permet pas de fournir à l'exécutif les textes des lois dont il a, urgemment, besoin pour appliquer sa politique.

Ainsi par la loi d'habilitation, le parlement permet à l'exécutif de légiférer momentanément durant le délai qu'il a fixé[163], ces actes tombent caduques à l'expiration du délai imparti, s'ils sont rejetés ou pas ratifiés par le parlement.

La loi d'habilitation, étant une loi ordinaire, peut être déférée au juge constitutionnel.

Durant la période qui se situe entre la loi d'habilitation et celle de ratification éventuelle, la nature de ces actes d'urgences varie.

Au Bénin, ces actes sont susceptibles d'être soumis au juge constitutionnel, cela ressort de l'article 102 alinéa 2 de la Constitution : Les ordonnances sont prises en Conseil des Ministres, après avis de la Cour constitutionnelle.

La Cour statue donc sur ces ordonnances.

En France, les ordonnances sont prises en conseil des ministres après avis du Conseil d'Etat.

En RDC, ces ordonnances-lois sont délibérées en Conseil des ministres. Elles entrent en vigueur dès leur publication.

Grosso modo, la loi d'habilitation et celle de ratification peuvent être déférées devant le juge constitutionnel, mais les ordonnances ou ordonnances-lois sont des actes administratifs que le juge administratif est compétent de censurer bien avant leur éventuelle ratification.

Pour ce qui est des actes pris en vertu des circonstances exceptionnelles, il s'agit soit de l'état de siège ou de l'état d'urgence.

---

162 *Ibidem.*

163 Article 121 alinéa de la Constitution congolaise du 18 février 2006 ; article 38 de la Constitution française de 1958 ; article 102 de la Constitution béninoise.

Les Chefs d'Etats proclament l'état d'urgence ou de siège et en informent la nation.

En France, cette décision est prise après en avoir informé officiellement le Président du Conseil constitutionnel et le Premier ministre, le Parlement se réunit de plein droit et après trente jours d'exercice des pouvoirs exceptionnels, le Conseil constitutionnel peut être saisi, par le Président de l'Assemblée nationale, le Président du Sénat, soixante députés ou soixante sénateurs, aux fins d'examiner si les conditions énoncées au premier alinéa demeurent réunies. Il se prononce dans les délais les plus brefs, par un avis public. Il procède de plein droit à cet examen et se prononce dans les mêmes conditions au terme de soixante jours d'exercice des pouvoirs exceptionnels et à tout moment au-delà de cette durée[164].

En RDC, l'ordonnance proclamant l'état d'urgence ou de siège a une validité de trente jours[165]. Dépassé ce délai, l'ordonnance cesse, de plein droit, de produire ses effets, sauf si le Parlement décide de prolonger ce délai de quinze jours, sur saisine du Président de la République, après délibération au Conseil des Ministres.

En sus, le Président de la République prend, par ordonnances délibérées en Conseil des ministres, les mesures nécessaires pour faire face à la situation.

Ces ordonnances sont, dès leur signature, soumises à la Cour constitutionnelle qui, toutes affaires cessantes, déclare si elles dérogent ou non à la Constitution[166].

Au Bénin, après décret de l'état d'urgence ou de siège en Conseil des Ministres, la prolongation ne peut être possible que sur autorisation de l'Assemblée nationale.

---

[164] Article 16 de la Constitution de 1958.

[165] Article 145 alinéa 3.

[166] Article 145 de la Constitution congolaise du 18 février 2006.

III. Les actes règlementaires

Ceux-ci recouvrent le champ de tous les actes ne relevant pas du domaine de la loi et relèvent du pouvoir exécutif.

Le règlement administratif peut être défini comme étant tout acte unilatéral de l'Administration qui crée des règles juridiques générales et impersonnelles[167].

Ces règlements sont soit autonomes, pris en dehors de tout sillage législatif ou en vertu de la Constitution voire dans le domaine de la loi en cas de carence de celle-ci[168].

Ils sont subordonnés quand ils appliquent ou exécutent une loi[169].

Tout naturellement, ces règlements sont des actes qui relèvent de la compétence contentieuse du juge administratif[170].

Cependant, pour autant que ceux-ci portent atteinte aux dispositions constitutionnelles surtout aux droits de la personne humaine, les juridictions constitutionnelles sont toujours compétentes pour les censurer.

IV. Autres actes

Parmi ceux-ci figurent les règlements intérieurs de certaines institutions, les actes d'assemblées, les décisions de justice, les communiqués et propos

1. Les règlements intérieurs de certaines institutions

Les règlements intérieurs de certaines institutions censées œuvrer dans le domaine législatif ou de la protection des droits humains sont soumis aux juges constitutionnels afin que ceux-ci se prononcent sur leur constitutionnalité.

---

[167] VUNDUAWE te PEMAKO F., *Op. Cit.*, p. 303.

[168] *Idem*, p. 56.

[169] *Ibidem*.

[170] BOTAKILE BATANGA, *Précis du contentieux administratif congolais,* 1ere édition, tomme II, Louvain-la-Neuve, 2018, Academia-L'Harmattan, pp. 101-106.

Ainsi en France, pour illustration, Conçu dans l'avant-projet constitutionnel comme facultatif, le contrôle des règlements d'Assemblées est devenu, dans le texte définitif, obligatoire ; selon l'article 61 de la Constitution, « les règlements des Assemblées parlementaires avant leur mise en application, doivent être soumis au Conseil, qui se prononce sur leur conformité à la Constitution ».

Comme pour les lois organiques, le contrôle n'est cependant pas automatique ; le Conseil ne peut statuer que s'il est saisi par les seules autorités habilitées ici à le faire : les Présidents de chacune des deux Assemblées[171].

Au Bénin également, en vertu de l'article 117 de la Constitution, les règlements intérieurs de l'Assemblée nationale, de la Haute Autorité de l'Audiovisuel et de la Communication et du Conseil économique et social avant leur mise en application, sont soumis à la Cour pour qu'elle statue sur leur conformité à la Constitution.

Tel est aussi le cas en RDC, où les règlements intérieurs des chambres parlementaires nationales et provinciales, du Congrès, de la Commission électorale nationale indépendante ainsi que du Conseil supérieur de l'audiovisuel et de la communication, avant leur mise en application, doivent être soumis à la Cour constitutionnelle qui se prononce sur leur conformité à la Constitution[172].

2. Les actes d'assemblée

Par acte d'assemblée, on entend les motions, les résolutions, les recommandations et tous autres actes pris par les organes législatifs, en dehors des lois, qui peuvent être censurés par les juges constitutionnels s'ils violent certains droits et libertés fondamentaux des citoyens.

---

[171] ROUSSEAU D. *et alii*, *Op. Cit.*, p. 141.

[172] Article 160 alinéa 2 de la Constitution congolaise du 18 février 2006.

3. Les décisions de justice

Le contrôle de constitutionnalité des décisions de justice n'est pas organisé par les constitutions des Etats étudiés.

En RDC, la Cour est juste juge du conflit juridictionnel d'attribution entre le Conseil d'Etat et la Cour de cassation, ce recours n'est recevable que si un déclinatoire de juridiction a été soulevé par ou devant la Cour de cassation ou le Conseil d'Etat[173].

La cour, après analyse, attribue le litige à l'une ou l'autre juridiction selon le cas.

Cependant, au Bénin, dans une décision rendue le 13 août 2009, la Cour constitutionnelle a, en dehors de toute compétence constitutionnelle explicite, procédé au contrôle de constitutionnalité d'un arrêt de la Cour suprême[174].

---

[173] Article 167 alinéa 4 de la Constitution congolaise du 18 février 2006.

[174] Appelés à trancher un conflit de droit de propriété, les juges du fond (tribunal de première instance et Cour d'appel) déboutèrent l'une des parties, au motif que esclaves, leurs auteurs ne pouvaient acquérir le droit de propriété sur le fondement de ce qui fut le droit coutumier du Dahomey. L'arrêt de la Cour d'appel fut alors déféré en cassation à la Cour suprême du Bénin, alors que concurremment la Cour constitutionnelle fut saisie, par voie d'action directe. Celle-ci rendit sa décision avant l'arrêt de la Cour suprême, en déclarant contraire à la Constitution aussi bien le jugement que l'arrêt de la Cour d'appel. Cette décision fut transmise, par une lettre, à la Cour suprême, dont la chambre judiciaire a néanmoins rejeté le pourvoi par arrêt, en date du 24 novembre 2006. C'est alors que la Cour constitutionnelle fut à nouveau saisie pour également déclarer l'arrêt de la Cour suprême contraire à la Constitution, dans la décision du 13 août 2009. Ainsi, par deux fois, dans cette saga judiciaire, la Cour a procédé au contrôle de constitutionalité de trois décisions de justice : un jugement, un arrêt de la Cour d'appel et un arrêt de la Cour suprême. DJOGBENOU J, « Le contrôle de constitutionnalité des décisions de justice : une fantaisie de plus ? », *http//:www.afrilex.u-bordeaux4/le-contrôle-de-constitutionnalite.html. Page consultée le 09/07/2020.* (Consulté le 30 décembre 2020).

Il va sans dire, qu'en dehors de tout texte normatif reconnaissant clairement cette compétence à cette juridiction dont la seule motivation a été la violation des droits de l'Homme, cette décision a été au cœur de grands débats entre défenseurs et pourfendeurs de la juridiction qui estimaient qu'il y avait double mal entendu à lever dans l'interprétation des compétences de la juridiction dans la protection des droits de l'homme : la Cour n'est pas une juridiction des juridictions, ses compétences dans le domaine des droits de l'homme sont limitées et leur hiérarchie sur d'autres décisions est aussi discutable[175].

Sans prétendre clore définitivement le débat, nous estimons qu'au sein de l'Etat, la Constitution demeure la loi des lois et la Cour en est bel et bien gardienne. Ainsi, toutes les fois que les décisions, même de justice, portent atteinte aux droits des citoyens, peu importe le niveau et la nature de la décision prise, la Cour demeure et reste le dernier rempart même, en dehors de toute prévision textuelle claire et univoque.

4. Les communiqués, discours et propos

Œuvre de ce que d'aucuns qualifient de l'audace du juge constitutionnel béninois, qui a, dans sa décision 13-071 du 11 juillet 2013, jugé contraires à la Constitution les propos tenus par le Chef de l'Etat, à l'occasion de l'entretien télévisé dénommé « BONI YAYI » à cœur ouvert, diffusé le 2 aout 2012 sur la chaine de télévision et dans sa décision DCC14-156 du 19 aout 2014, dans laquelle elle a également jugé que Fatoumata DJIBRIL AMADOU, alors Ministre de l'agriculture, avait violé la Constitution en tenant des propos favorables à un troisième mandat pour le Président de la République, dans une émission de télévisée[176].

Il est clair que le juge constitutionnel béninois est, en Afrique, non seulement l'un des juges les plus prolifiques, mais aussi l'un de ceux qui interprètent beaucoup

---

175 *Idem*, p. 10.

176 AIVO J.-F., « La Cour constitutionnelle du Bénin », *Nouveaux cahiers du Conseil constitutionnel. Op. Cit.*, p. 15.

plus largement leurs compétences et contribuent ainsi à la consolidation de la démocratie et de l'Etat de droit.

Tel qu'organisé dans les Etats sous notre étude, le contrôle de constitutionnalité offre des garanties nécessaires à la préservation et à la sauvegarde des valeurs constitutionnelles, cela également dans la saisine de la juridiction.

Paragraphe II : De la saisine des juridictions constitutionnelles

En principe, la juridiction constitutionnelle est comme toutes les autres juridictions un rouage inerte[177], lequel ne peut *solu proprio* se mettre en mouvement sans une saisine préalable par un tiers qui sert de poussoir.

La saisine est l'acte initiateur du mouvement et même le déclencheur nécessaire de la jurisprudence sans lequel la juridiction ne pourrait servir que d'ornement dans l'ossature institutionnelle mise en place.

Ainsi, celle-ci passe par la qualité des saisissants, le moment de leur saisine ainsi que des implications particulières qu'emporte, en droit français, la Question Prioritaire de Constitutionnalité (QPC).

Cependant, plus qu'une simple innovation, la Constitution béninoise reconnait à la Cour constitutionnelle la possibilité de se prononcer d'office sur la constitutionalité des lois et de tout texte réglementaire censés porter atteinte aux droits fondamentaux de la personne humaine et aux libertés publiques. Elle statue plus généralement sur les violations des droits de la personne humaine et sa décision doit intervenir dans un délai de huit jours[178].

En dehors de cas où la juridiction statue d'office, pour les autres, il faut avoir la qualité pour la saisir.

---

[177] TASOKI MANZELE J.-M., *La procédure pénale, 2ième édition*, Faculté de Droit, Université de Kinshasa, année 2014-2015, p. 143.

[178] Article 121 alinéa 1 de la Constitution béninoise.

I. Qualité pour saisir la juridiction constitutionnelle

1. Les autorités publiques

Dans les constitutions analysées, il s'avère que les autorités publiques bénéficient d'une large manœuvre dans la saisine du juge constitutionnel, d'ailleurs elles jouissent d'une exclusivité de saisine bien avant la promulgation des lois.

Il est ainsi du Président de la République, du Premier ministre, des Présidents des deux chambres parlementaires, des Présidents des Assemblées provinciales en RDC et d'une partie des Députés nationaux, des Sénateurs ou des Députés provinciaux.

Intervenant, d'une manière ou d'une autre, dans la procédure d'élaboration des règles juridiques, ces autorités ont la capacité ainsi que la qualité en vue de la saisine d'une juridiction constitutionnelle pour qu'elle se prononce sur la constitutionnalité des traités, des lois ou des édits provinciaux en RDC.

Même les autorités judiciaires peuvent également saisir la Cour dès lors qu'une exception d''inconstitutionnalité est soulevée devant elles dans la phase de jugement.

Cette compétence est aussi dévolue aux citoyens, bien qu'ils ne soient fondés à la mettre en branle qu'après promulgation des normes sous examen.

2. Les citoyens

Les citoyens nationaux ou étrangers peuvent saisir les juridictions constitutionnelles directement par voie de requête en inconstitutionnalité ou par voie d'exception d'inconstitutionnalité soulevée devant une juridiction de jugement.

Dans le premier cas, ce recours est admis directement devant le juge contre les lois et décisions liberticides et qui mettent en mal les droits garantis dans la constitution et cela produit des effets *erga omnes,* si la loi est annulée, elle l'est pour tout le monde et pour tous les recours judiciaires postérieurs.

Dans le second cas, c'est plutôt à l'occasion d'un litige, en justice qu'une partie estime une loi susceptible de lui être appliquée comme étant inconstitutionnelle. Dans ce cas, elle saisit le juge constitutionnel et la juridiction au-devant de laquelle elle se retrouve sursoit, en attendant l'aboutissement du recours constitutionnel.

Si la juridiction estime la loi ou sa disposition inconstitutionnelle, celle-ci ne produit que des effets *erga partes*, seules les parties au procès sont liées par cette décision, ce qui fait que le juge peut appliquer la même loi dans une autre affaire.

II. Le moment de la saisine

La saisine de la juridiction constitutionnelle peut être faite *a priori*, c'est-à-dire avant la promulgation ou *a posteriori*, c'est-à-dire après la promulgation des normes.

Pour le premier cas, l'exclusivité est dévolue aux pouvoirs publics et dans le second cas, même les citoyens y concourent.

C'est d'ailleurs dans ces cas que s'applique en France la Question prioritaire de constitutionnalité.

III. La Question Prioritaire de Constitutionnalité (QPC)

Jusqu'en 2008, le contentieux constitutionnel français était du seul apanage des pouvoirs publics, les citoyens français n'étaient que des tiers à ce mécanisme pourtant salvateur et édificateur d'un Etat de droit.

En effet, prime à la méfiance des détracteurs du Conseil à sa naissance, il n'a pas été prévu en France, un contrôle de constitutionnalité *a posteriori*, encore moins sa saisine par les citoyens.

Il a fallu attendre la révision constitutionnelle du 23 juillet 2008 introduisant l'article 61-1 dans la Constitution française pour voir naitre le droit des citoyens d'intervenir dans le contentieux constitutionnel, par voie de QPC.

Désormais, lorsqu'à l'occasion d'une instance en cours devant une juridiction, il est soutenu qu'une disposition législative porte atteinte aux droits et libertés que la Constitution garantit, le Conseil constitutionnel peut être saisi de cette question sur renvoi du Conseil d'État ou de la Cour de cassation qui se prononce dans un délai déterminé[179].

Le dispositif repose sur deux principes simples : la saisine indirecte et un double filtrage[180].

La saisine est indirecte parce que les citoyens ont le droit de soulever l'exception d'inconstitutionnalité, mais ne s'adressent pas directement au conseil constitutionnel, ce sont les juridictions ordinaires qui se soumettent à cet exercice en suivant certaines conditions :

D'abord, la juridiction devant laquelle la question d'inconstitutionnalité est soulevée doit vérifier que la disposition contestée est « applicable » au litige, que cette disposition n'a pas déjà été déclarée conforme à la Constitution par le Conseil constitutionnel, dans une décision antérieure, et que la question de constitutionnalité est bien « sérieuse ».

Ensuite, si ces trois conditions sont remplies, la juridiction doit transmettre la question au Conseil d'État ou à la Cour de cassation, selon que le litige relève de l'une ou l'autre juridiction ; ces deux Cours suprêmes apprécient à leur tour les trois conditions et, dans l'affirmative, ce sont elles qui saisissent le Conseil constitutionnel.

S'il déclare la disposition conforme, le procès suspendu par le procès constitutionnel, reprendra ; s'il la déclare non conforme, la disposition est abrogée, le procès et les procédures juridictionnelles en cours sont arrêtés et, pour le présent et le passé, il appartiendra au Conseil de déterminer « les conditions et limites dans lesquelles les effets que la disposition a produits sont susceptibles d'être remis en cause »[181].

---

[179] Article 61-1 de la Constitution française de 1958.

[180] ROUSSEAU D. *et alii*, *Op.Cit.*, p. 57.

[181] *Ibidem.*

Conclusion

Il apparait que ce mécanisme complexe et méticuleux permet d'éviter des exceptions fantaisistes et dilatoires et d'éviter l'encombrement de la juridiction constitutionnelle.

Bien qu'introduit plusieurs années après, la QPC constitue aujourd'hui un des éléments essentiels du contentieux constitutionnel français et permet d'assurer la protection des droits et libertés des citoyens.

Chapitre 4

La justice constitutionnelle protectrice des droits et libertés fondamentaux des citoyens

Jadis exclusivement compris dans son sens formel, aujourd'hui le concept "Etat de droit" a franchi le cap de l'Etat de droit au sens substantiel ou matériel en raison de la nouvelle base philosophique ou idéologique de la société politique pour embrasser les droits de l'homme, lesquels ont été positivés en droits fondamentaux dont le juge constitutionnel assure la protection juridictionnelle efficace[182].

Désormais, le lien évident entre ce concept et celui du constitutionnalisme ou de la démocratie n'est plus à démontrer ni moins à dénier, tant ils ont tous en dénominateur commun "les droits et libertés" garantis aux citoyens.

Ce qui fait qu'en Afrique, en guise de renouveau du droit constitutionnel, plusieurs Etats, dont la RDC et le Bénin, ont, à l'exemple de la France, accordé une place de choix non négligeable aux droits et libertés fondamentaux que la justice constitutionnelle s'est appropriée l'obligation de reconnaitre, à travers les lignes de ses décisions d'après l'époque des conférences nationales.

---

182 NTUMBA LUABA-LUMU, *Droit constitutionnel général*, E.U.A, Kinshasa, 2005, pp. 57-58

Néanmoins, la notion cohabite avec des concepts souvent lui assimilés telles que « libertés fondamentales », si bien que l'utilisation de l'une ou l'autre prête parfois à équivoque[183].

Frédérique SUDRE constate, quant à lui, que les termes droits de l'homme et droits fondamentaux apparaissent interchangeables et sont parfois indifféremment utilisés par la doctrine[184].

Cependant, si les droits de l'Homme, tels que consacrés dans la déclaration onusienne du 10 décembre 1948 et appliqués sur le plan coutumier à l'international, sont universels, généralement naturels et surtouts inhérents à la personne humaine, ils relèvent beaucoup du domaine de l' « imaginaire »[185] dont la concrétisation dans le droit positif passe par l'établissement des libertés publiques.

Les libertés publiques sont évidemment les droits de l'Homme positivés, ou pour reprendre les mots de Jean RIVERO et Hugues MOUTOUH, ce sont des droits de l'homme dont la reconnaissance et l'aménagement par l'État ont été insérés dans le droit positif[186].

---

183 BABACAR SARR, « La garantie des droits humains par le juge constitutionnel », *http//:www.afrilex.u-bordeaux4.fr/droit-constitutionnel.html*. (Consulté le 11 juillet 2020).
184 *Idem*.
185 *Idem*, p. 5.
186 RIVERO J. et MOUTOUH H., *Libertés publiques*, 9ème édition, P.U.F., Thémis, Paris, 2003, tome 1, p. 8.

Les droits fondamentaux, par contre, sont ceux à qui la constitution attribue un caractère fondamental en leur reconnaissant un régime spécial[187].

Si la prise en compte des libertés publiques par le droit positif remonte loin dans le temps, il faut dire que jusqu'à une récente date, la notion de droits fondamentaux était absente du droit positif. L'apparition de la notion serait consécutive à la naissance du contrôle de constitutionnalité[188].

C'est ainsi que Pour magnifier l'importance de la place des droits et libertés fondamentaux dans les droits constitutionnels africains, certains États ont, très tôt, admis l'exception d'inconstitutionnalité[189].

Par ailleurs, se basant sur le droit allemand dont est issu la notion et le concept, Louis FAVOREU note que tous les droits et libertés bénéficiant d'une protection constitutionnelle ou (et) internationale (ou européenne) sont des droits fondamentaux quel que soit leur degré de « fondamentalité ». Et tous les droits et libertés qui ne sont pas reconnus au plan constitutionnel ou international (ou européen) ne sont pas des droits fondamentaux[190].

Il ajoute un aspect non négligeable qui permet de circonscrire et de définir amplement les droits et libertés fondamentaux comme étant des droits et libertés qui sont

---

187 BREILLAT V. D., *Libertés publiques et droit de la personne humaine*, Paris, Gualino, 2003, P.25

188 OUEDRAOGO OSSEINI, « La limitation des droits fondamentaux par l'ordre public en droit constitutionnel béninois et burkinabè », *http//:www.afrilex.u-bordeaux4.fr/la-limitation-des-droits.html.* (Consultée le 11 juillet 2020).

189 *Idem*, p. 3.

190 FAVOREU L *et alii*, *Droit constitutionnel. Op. Cit.*, p. 930.

consacrés aussi bien par les textes constitutionnels que par les traités et accords internationaux.

La fondamentalité de ces droits ne ressort pas seulement de la qualité, ni de la place qu'occupent les textes qui les consacrent dans la hiérarchie des normes mais aussi du juge qui est habilité à les reconnaitre quand ils sont méconnus : le juge constitutionnel.

Ainsi, soucieux d'assurer une pleine jouissance effective des droits et libertés fondamentaux aux citoyens, les textes constitutionnels et les conventions internationales auxquelles sont parties Bénin, la RDC et la France consacrent une très longue littérature sur la question des droits et libertés des citoyens.

Comme dans toutes les démocraties contemporaines où le juge constitutionnel, quel que soit le modèle de justice constitutionnelle, joue un rôle important dans la protection des droits fondamentaux[191], les juges constitutionnels français, congolais et béninois s'inscrivent dans cette logique.

C'est ainsi qu'au Bénin si le juge administratif n'a joué dans le passé qu'un rôle limité, au regard des droits fondamentaux, ce rôle s'est aujourd'hui estompé au profit du juge constitutionnel[192] qui en assure une protection efficace au point de devenir un modèle sur l'échiquier africain.

---

[191] LOADA A. et IBRIGA L.-M., *Droit constitutionnel et institutions politiques*, Collection Précis de droit burkinabè, PADEG, Mars 2007, p. 246.

[192] TCHAPNGA C. K, « Le juge constitutionnel, juge administratif au Bénin et au Gabon ? », *Revue française de droit constitutionnel* 2008/3 (n° 75), p. 556.

En France, Louis FAVOREU note que la justice constitutionnelle « n'a été véritablement reconnue (...) qu'à partir du moment où le Conseil constitutionnel est devenu un protecteur des droits fondamentaux, tellement est fort le sentiment selon lequel la justice constitutionnelle s'identifie aux libertés[193].

En RDC, le chemin à parcourir est encore long, mais pour peu que l'on puisse dire d'elle, la Cour constitutionnelle commence à écrire ses lettres de noblesse dans le domaine de protection des droits fondamentaux, surtout en ce qui concerne les motions des assemblées législatives ayant déchu certaines autorités politico-administratives sans que celles-ci n'aient pu se défendre.

Cette protection est possible dès lors qu'en principe, les textes juridiques prévoient un cadre juridique nécessaire, ce qui conduit inévitablement à une jurisprudence réelle, parfois audacieuse et innovante.

Section I : Cadre juridique nécessaire

Pour pouvoir exercer ses compétences, la Cour doit être créée, sinon doit disposer de certaines compétences lui attribuées aussi bien par son texte créateur que par d'autres qui concourent à la bonne marche de la justice et à la protection des droits des citoyens, car les compétences sont d'attribution.

Mais, pour ce qui est des juridictions constitutionnelles, ce principe doit être relativisé et suppléé par celui suivant lequel les compétences sont dictées par la nature du litige en face. Il en est ainsi car les juridictions

---

[193] FAVOREU L *et alii*, *Droit constitutionnel. Op. Cit.*, p. 365.

constitutionnelles sortent parfois du cadre des compétences leurs tracées et se retrouvent au-delà surtout quand sont en jeux les droits des citoyens, c'est d'ailleurs souvent par ce moyen qu'elles ont rendu des arrêts qualifiés d'audacieux et ont acquis leur indépendance du système politique.

Avant que ces compétences ne soient analysées suivant leurs consécrations juridiques spécifiques, elles sont déduites d'abord du rôle du pouvoir judiciaire, du contexte qui a prévalu à leur mise en place et surtout par l'encrage de la culture des droits humains.

Paragraphe I : Compétences générales

1. Rôle du pouvoir judiciaire

Toute société dans laquelle la garantie des droits n'est pas assurée, ni la séparation des pouvoirs déterminée, n'a point de Constitution[194].

Cette disposition axiomatique du siècle des lumières cristallise une mutation révolutionnaire du droit constitutionnel moderne[195] qui met un accent particulier sur la séparation des pouvoirs et la protection des droits et libertés des citoyens.

Cette séparation des pouvoirs octroie à chaque organe de l'Etat les compétences spécifiques et propres. Ainsi, au pouvoir judiciaire, il est reconnu le rôle essentiel d'assurer la protection juridictionnelle des droits des citoyens.

Cependant, même si dans l'écriture constitutionnelle, le pouvoir judiciaire est réduit à la simple

---

[194]Article 16 de la Déclaration française des droits de l'homme et du citoyen du 26 août 1789.

[195] SOMA A., « La séparation des pouvoirs comme droit fondamental dans le constitutionnalisme contemporain », *http//:www.afrilex.u-bordeaux4.fr/la-separation-des-pouvoirs-comme.html*. (Consultée le 11 juillet 2020).

appellation d'autorité judiciaire comme France, celui-ci n'exerce pas moins les attributions originales et normales reconnues au pouvoir judiciaire là où cette appellation est consacrée.

En outre, même si la juridiction constitutionnelle n'est pas organisée dans le même cadre que le pouvoir judiciaire, ou il est considéré comme une juridiction autonome, il n'en demeure pas moins que c'est une juridiction qui s'inscrit dans le cadre du système judiciaire au regard de la nature de son rôle et celle de ses décisions.

En RDC par exemple, la compétence de la Cour constitutionnelle en matière de la protection des droits et libertés fondamentaux va au-delà des compétences lui attribuées expressément par les articles 160, 162 de la Constitution, 43 de la Loi organique n° 13/026 du 15 octobre 2013 portant organisation et fonctionnement de la Cour constitutionnelle et 38 du Règlement intérieur de la Cour Constitutionnelle.

Le fondement constitutionnel de cette compétence de la Cour Constitutionnelle résulte de la combinaison des dispositions des articles 149 alinéa 2 et 150 alinéa 1 de la Constitution.

L'alinéa 2 de l'article 149 de la Constitution décrit la composition du pouvoir judiciaire. Il est composé des cours et tribunaux dont la Cour constitutionnelle. Quant à l'alinéa 1er de l'article 150, il reconnaît au pouvoir judiciaire la mission de garantir les libertés individuelles et droits fondamentaux. Cette mission est une compétence reconnue à toutes les institutions judiciaires quel que soit leur ordre juridictionnel[196].

La Cour constitutionnelle faisant partie du pouvoir judiciaire[197], elle est, à juste titre, protectrice des droits et libertés fondamentaux.

---

196 MVITA KALUBI R., « La nouvelle compétence de la Cour constitutionnelle fondée sur la protection des droits humains. Une lecture critique de l'arrêt R.Const. 0038 du 20 août 2015 », *Annuaire Congolais de Justice Constitutionnelle*, Vol. 2, 2017, pp. 207-212.

197 Article 149 de la Constitution du 18 février 2006. Lire également MAMPUYA KANUNK'A-TSHIABO A., « Le respect des textes

Dans le même ordre d'idées, la Constitution de 2006 garantit la protection des droits humains et des libertés fondamentales des citoyens[198]. La Cour constitutionnelle en tant que garante du respect de la constitution, est aussi protectrice des droits et libertés fondamentaux, par ricochet.

En considération de sa mission d'assurer le respect des dispositions constitutionnelles, elle est fondée à se déclarer compétente lorsqu'elle est saisie pour violation de la Constitution même si cela ne rentre pas dans les matières expressément énumérées par un texte juridique. Ce qui nécessite l'intervention du juge constitutionnel au-delà des matières lui conférées expressément par la constitution ou par la loi organique.

Ainsi, la protection des droits et libertés apparaît au premier rang des fonctions du contrôle de la constitutionnalité des lois.

Devant un cas de violation des droits humains, la Cour Constitutionnelle doit avoir recours à toutes ces dispositions, en sa qualité de protectrice des droits et libertés fondamentaux.

En France, la fonction de la protection par le juge constitutionnel des droits et libertés constitutionnellement garantis au citoyen, est le fruit d'une lente évolution.

L'intention des constituants de 1958 n'était pas de mettre sur pied un organe dont le rôle aurait été de garantir que la loi respecte les droits fondamentaux, il est, avant tout, conçu comme un instrument de rationalisation du parlementarisme destiné à remédier aux excès des républiques antérieures[199].

---

légaux comme problème d'éthique de gouvernance au Congo », *Revue de l'Université de Kananga,* Volume 1, n. 1 (février 2013), pp. 153-155. AKELE ADAU P., « Réponses pénales du discours du désordre ou au désordre du discours constitutionnel en République Démocratique du Congo : La Cour constitutionnelle à l'épreuve », *RADG*, Volume I, n° 2&3, 2014, pp. 43-62

198 Titre II de la Constitution congolaise du 18 février 2006.

199 CHAMPEIL-DESPLATS V., « Le Conseil constitutionnel protecteur des droits et libertés ? », *Cahiers de la recherche sur les*

Le Général DE GAULLE n'avait-il pas dit : « En France, la Cour suprême c'est le peuple ». Le Commissaire du gouvernement, Monsieur R. JANOT, n'avait-il pas affirmé, au cours des travaux préparatoires à la rédaction de la Constitution de 1958, que « le contrôle du Conseil constitutionnel ne se concevait que par rapport aux articles de la Constitution et à eux seuls, lesquels, à quelques exceptions près (liberté de formation des partis politiques, liberté individuelle, principe d'égalité) ne comportent guère de références aux droits fondamentaux *?* ».

Dans la perspective de l'établissement d'un régime de rationalisation du parlementarisme, l'objectif des constituants était bien, en effet, de contrôler le Parlement, afin de préserver les pouvoirs du Gouvernement, notamment ses pouvoirs normatifs, le domaine réglementaire[200].

Le Conseil est une institution dont le destin a échappé aux créateurs et à ce titre, elle est devenue plus que jamais protectrice des droits des citoyens.

Au Bénin, la Cour constitutionnelle accomplit également une mission qui est, par nature, dévolue au pouvoir judiciaire, elle est un acteur majeur dans l'implémentation d'un Etat de droit moderne.

2. Rôle dicté par le contexte

Une constitution est parfois une réaction sociale au désordre politique qui prévaut dans une société donnée à un moment donné. C'est ainsi que, souvent en Afrique, une constitution démocratique est généralement une réaction du corps social face aux précédents régimes autocratiques, autoritaires et liberticides que d'aucuns qualifient de la quête constitutionnelle du « plus jamais ça ! »[201]

---

droits fondamentaux, *http//:www.journals.openedition.org/crdf/5380?lang=en*. (Consulté le 10 juillet 2020).

[200] *Idem*.

[201] BOLE S., « Préface », MABANGA M. MABANGA G. », *Op. cit.*, p. 15.

Au Bénin, la Constitution démocratique et respectueuse des valeurs du constitutionnalisme du 11 décembre 1990 est un texte mis en place après l'expérience peu heureuse de la dictature marxiste-léniniste[202], sous laquelle les droits et libertés des citoyens furent ostensiblement bafoués, voilà pourquoi le refus de l'arbitraire, repris en cœur par la rue vers la fin des années 1980, s'est accompagné de la volonté ferme de soumettre l'Etat au droit[203], ce qui politiquement a justifié la tenue de la Conférence nationale et l'adoption de la constitution.

Face à l'obligation de bâtir un nouvel Etat aux fondements différents de ceux du premier, faire respecter les droits et libertés des citoyens par une institution aussi prestigieuse que la Cour constitutionnelle est beaucoup qu'une simple formalité d'usage, une nécessité vitale pour aussi bien sa légitimité que la survie des institutions nouvellement créées ou auxquelles a-t-on insufflé le nouveau vent démocratique.

Cette logique équivaut également en RDC où le projet de préambule de la Constitution du 18 février 2006 l'a légitimé en dénonçant l'inversion générale des valeurs, unique performance du régime précédent, ayant conduit à la ruine de l'Etat en raison de l'injustice institutionnalisée dans tous les secteurs de la vie[204], violations des droits et libertés des citoyens ne sont pas en reste.

L'avènement de la Cour a suscité tant d'espoirs et d'attentes parce qu'on l'attendait beaucoup plus également sur le terrain de la protection des droits des citoyens.

Le nombre des requêtes en inconstitutionnalité y introduites par voie d'action et surtout par voie d'exception, la teneur des discours politiques et scientifiques est plus que diserte pour exprimer la nécessité du rôle du juge

---

202 AÏVO F. J., « La Cour constitutionnelle du Bénin », *Revue française de droit constitutionnel. Op. Cit.*, p. 25.

203 *Idem.*

204 BOSHAB E., « République Démocratique du Congo : Etat unitaire à régionalisation constitutionnelle ou fédéralisme assourdi ? », *Revue de Droit Africain*, numéro 7, juillet 1998, p. 306.

constitutionnel dans sa mission de protéger les droits et libertés des citoyens.

Tout ce contexte politique et social favorable, associé aux compétences spécifiques contenues dans leurs textes créateurs, font des juridictions constitutionnelles des institutions plus que légitimes.

Paragraphe II : Compétences spécifiques

Il va sans dire que leurs compétences de protection et de préservation des droits et libertés des citoyens sont issues des textes constitutionnels, des lois qui les organisent et des Règlements intérieurs qui les régissent.

Ainsi, pour garantir la jouissance effective des droits et libertés fondamentaux reconnus à la personne humaine, la Cour constitutionnelle béninoise statue obligatoirement notamment sur la constitutionnalité des lois et des actes réglementaires censés porter atteinte aux droits fondamentaux de la personne humaine et aux libertés publiques en général, sur la violation des droits de la personne humaine[205].

Cette compétence est renforcée par celle de statuer d'office[206], mieux de se saisir d'office.

En effet, l'article 32 du Règlement intérieur de la Cour constitutionnelle reconnait à cette juridiction le pouvoir de se saisir d'office sur la constitutionnalité des lois et de tout texte réglementaire censés porter atteinte aux droits fondamentaux de la personne humaine et aux libertés publiques.

De son côté, la Constitution congolaise de 2006 garantit la protection des droits humains et des libertés fondamentales des citoyens en son titre II.

La Cour constitutionnelle en tant que garante du respect de la constitution, est aussi protectrice des droits et libertés fondamentaux par ricochet. En considération de sa mission d'assurer le respect des dispositions constitutionnelles,

---

[205] Article 117 point 3 de la Constitution béninoise.

[206] Article 121 alinéa 2 de la Constitution béninoise.

elle est fondée à se déclarer compétente lorsqu'elle est saisie pour violation de la Constitution même si cela ne rentre pas dans les matières expressément énumérées par un texte juridique. Ce qui nécessite l'intervention du juge constitutionnel au-delà des matières lui conférées expressément par la constitution ou par la loi organique.

C'est ainsi par exemple que dans plusieurs de ses décisions, la Cour s'est déclarée compétente pour assurer la protection des droits et libertés des citoyens, comme dans l'arrêt R.Const. 0038 du 28 août 2015, rendu à la suite de la requête de Madame Olive Mungombe Musenge (deuxième suppléant) qui sollicitait l'annulation de la décision de la plénière du Sénat du 03 juin 201516, la Cour constitutionnelle s'était déclarée compétente non pas eu l'égard à la résolution de la plénière du Sénat, mais sur base de sa mission de protection des droits de l'homme conformément aux articles 149 alinéa 2 et 150 alinéa 1er de la Constitution.

En France, depuis sa création, le Conseil constitutionnel a changé de nature. Il est devenu le gardien des droits et libertés fondamentaux à la suite de deux infléchissements décisifs, l'un jurisprudentiel, l'autre constitutionnel.

En 1971, à l'occasion d'un contrôle exercé sur un projet de loi proposé par le Gouvernement et voté par le Parlement après saisine du Président du Sénat, le Conseil constitutionnel a explicitement incorporé le préambule de la Constitution de 1958, et, par voie de conséquence, les textes auxquels il se réfère, au bloc de constitutionnalité.

Les normes de référence du contrôle comportent désormais un catalogue des droits et libertés fondamentaux : celui issu de la Déclaration des droits de l'homme et du citoyen de 1789 (droits dits " de la première génération "), ainsi que celui issu du Préambule de la Constitution de la IVème République, adoptée en 1946 (droits dits "de la seconde génération").

En s'appuyant, de façon jugée souvent prétorienne sur les termes de la Déclaration de 1789 ou sur ceux du Préambule de la Constitution de 1946, le Conseil constitutionnel a été conduit, dès 1971, à dégager des principes " particulièrement nécessaires à notre temps " (protection de la santé), des objectifs à valeur constitutionnelle (pluralisme des courants d'expression, continuité du service public, maintien de l'ordre public), des " principes fondamentaux reconnus par les lois de la République " (liberté d'association, droits de la défense, liberté de conscience), et plus généralement, à reconnaître la valeur constitutionnelle de diverses composantes de la liberté individuelle (mariage, intégrité de la personne humaine, protection de la vie privée, dignité de la personne humaine), complétant et modernisant ainsi la panoplie des droits et libertés énoncés par des textes antérieurs.

Il faut noter cependant que des principes tels que celui de " confiance légitime ", de " sécurité juridique " ou de " liberté contractuelle " ne se sont pas vu reconnaître, en tant que tels, de rang constitutionnel à ce jour, faute de fondement suffisant dans le " bloc de constitutionnalité ".

Il s'avère donc que c'est souvent par voie de la jurisprudence qu'une juridiction constitutionnelle peut donner vie aux droits contenus dans les textes juridiques c'est ainsi que foisonne, au sein des juridictions sous étude, une jurisprudence à la fois réelle, audacieuse et innovante.

Section II : Les droits et libertés fondamentaux dans la jurisprudence des juridictions constitutionnelles

C'est le juge constitutionnel qui donne un contenu et un sens aux dispositions constitutionnelles, il rend, au travers de sa jurisprudence, œuvre utile à la nation par son interprétation de la constitution.

Il vivifie et revitalise l'Etat de droit en assurant une protection efficace des droits et libertés contenus dans la constitution.

C'est dans cette optique que les juges constitutionnels français, béninois et congolais ont, à travers leurs arrêts, rendu des décisions qui ont parfois semblé audacieuses et innovantes et qui ont eu une incidence certaine sur la protection des libertés fondamentales.

Paragraphe I : Jurisprudence audacieuse des juridictions constitutionnelles en matière de protection des droits fondamentaux

Parfois, dans la sauvegarde des droits et libertés fondamentaux, les juridictions constitutionnelles ont rendu des arrêts auxquels on s'attendait le moins au regard du contexte politique et surtout de la pauvreté jurisprudentielle précédente en la matière.

Au bénin, les « 7 sages de Cotonou » ont accompli une œuvre remarquable ; ils ont sanctionné sans faiblesse les détentions et gardes à vue arbitraires, les faits de tortures, les traitements inhumains ou dégradants, les expropriations sans dédommagement ou encore les atteintes à la liberté religieuse. Par ses blâmes publics, la Cour Constitutionnelle rappelle solennellement tout un chacun à la stricte observance de la Constitution[207].

Par exemple dans la décision DCC 02-058 du 04 juin 2002, dans l'affaire dit FAVI Adèle, la Cour a considéré que les sévices et traitements cruels inhumains et dégradants infligés à madame Adèle FAVI par une équipe de garde du Président de la République constituaient une violation de la Constitution.

De même, dans la décision DCC 03 -140 du 25 septembre 2003 la Cour avait estimé que de par leurs menaces aux membres de V.N. SAHAJA YOGA, une association spirituelle œcuménique régulièrement autorisée au Bénin, Monsieur Simplice HOUNVENOU, chef du quartier de Louho et consorts avaient violé la Constitution en portant atteinte au droit à la liberté de culte des victimes[208].

En RDC, il y a lieu d'évoquer l'arrêt R.Const. 0038 du 28 août 2015, rendu à la suite de la requête de Madame

---

207 BOLLE S., « L'Etat de droit et de démocratie pluraliste au Bénin Bilan et perspectives », *http//:www.la-constitution-en-afrique.over-blog.com/article-13784990.html*. (Consulté le 17 juin 2020).

208 ESSONO LOVO A., « commentaire décision AKIGBE Roger », *ABJC*, *Op. Cit*., pp. 541-546.

Olive MUNGOMBE MUSENGE (deuxième suppléant) qui sollicitait l'annulation de la décision de la plénière du Sénat du 03 juin 2015[209], la Cour constitutionnelle s'était déclarée compétente non pas eu l'égard à la résolution de la plénière du Sénat, mais sur base de sa mission de protection des droits de l'homme conformément aux articles 149 alinéa 2 et 150 alinéa 1er de la Constitution.

De même dans l'arrêt R. Const. 356, rendu à la suite de la requête de Monsieur Cyprien LOMBOTO LOMBONGE (Gouverneur de province de la Tshopo) qui demandait à la Cour constitutionnelle de constater que la motion de défiance votée contre lui ? par l'Assemblée provinciale de la Tshopo violait les droits de la défense[210].

A l'occasion, la Cour s'est déclarée compétente dans ? cette affaire non pas eu égard à la motion de défiance, mais en vertu articles 19 alinéa 3 et 61 point 5 de la Constitution[211]. L'alinéa 3 de l'article 19 garantit le droit de la défense et le point 5 de l'article 61 classe le droit de la défense parmi les droits intangibles.

Dans l'arrêt R. Const. 469 du 26 mai 2017 rendu à l'issue de la requête en inconstitutionnalité de la motion de censure n° 001/AP/H-KAT/2017 du 18 avril 2017 contre le Gouvernement provincial dirigé par Jean-Claude KAZEMBE MUSONDA[212], la Cour constitutionnelle s'est déclarée

---

209 Cour const., Arrêt R. Const. *038* du 20 août 2015, *Requête en inconstitutionnalité de la décision de la plénière du Sénat du 03 juin 2015.*

210 FUNGA LUFE MOTEMA A-C., « Etat de droit et protection juridictionnelle des droits fondamentaux. Une lecture de l'arrêt R. Const. 356 de la Cour constitutionnelle de la République Démocratique du Congo, Kinshasa », *ACJC*, vol. 2, 2017, pp. 495-506.

211 Cour const., Arrêt R.Const. 356 du 10 mars 2017, *Requête en inconstitutionnalité de la motion de défiance adoptée par l'Assemblée provinciale de la Tshuapa*, p. 14.

212 KAZADI MPIANA (J.), « Cour constitutionnelle, motion de censure et garantie des libertés et droits fondamentaux à l'aune de

compétente non pas en se fondant sur la motion de censure mais en vertu des articles 19 et 61 de la Constitution comme dans son arrêt R.Const. 356.

En France, au cours de la première décennie du contrôle de constitutionnalité exercé à l'égard du préambule de la constitution, le Conseil constitutionnel a généreusement enrichi le catalogue des droits et libertés de valeur constitutionnelle[213].

C'est ainsi qu'il a protégé tour à tour la liberté d'association[214], le respect des droits de la défense[215], la liberté individuelle[216] , la dignité de la personne humaine[217] et le droit au recours effectif à un procès équitable[218].

Ces décisions ont eu une incidence notoire sur la protection des libertés fondamentales et ont également légitimé la mission des juges constitutionnels.

Paragraphe II : Incidence des décisions de justice des juridictions constitutionnelle sur la protection des droits et libertés fondamentaux des citoyens

De par ses décisions, la justice constitutionnelle a largement et efficacement contribué à la protection des droits et libertés fondamentaux des citoyens, si bien qu'ils ne sont plus des simples déclarations programmatiques ou des simples vœux formulés par les constituants et sont devenus une réalité. Ce qui a largement contribué à la réalisation d'un équilibre nécessaire entre l'autorité et la liberté, mieux encore entre le pouvoir et l'individu. Ce changement de paradigme a rendu possible le passage d'un droit constitutionnel théorique à un droit

---

l'arrêt Jean-Claude Kazembe, Kinshasa », *ACJC*, vol. 1, 2016, pp. 525-580.

[213] CHAMPEIL-DESPALTS V, *Op. Cit.*, p. 12.

[214] Décision n° 71-44 DC du 16 juillet 1971, p. 29.

[215] Décision n° 76-70 DC du 02 décembre 1976, p. 39.

[216] Décision n° 76-75 DC du 12 janvier 1977, p. 33.

[217] Décision n°94-343/344 DC du 27 juillet 1994, p. 100.

[218] Décision n° 2003-484 DC du 20 décembre 2003, p. 438.

constitutionnel véritablement jurisprudentiel et donc protecteur des droits et libertés de la personne.

Conclusion

En effet, aujourd'hui les Etats arrachent leur fréquentabilité par la place qu'ils accordent au respect des droits des citoyens et la justice constitutionnelle. Pour ce qui est de l'Afrique, cela commence à contribuer grandement à l'amélioration de l'image des Etats en cette matière, d'ailleurs le Bénin constitue bien une bonne illustration ou encore mieux un modèle pour les Etats d'Afrique noire francophone.

En RDC, peu à peu la protection des droits de la défense est en train de donner du travail au juge constitutionnel congolais. Mais la justice constitutionnelle ne prendra sa pleine signification qu'au prix d'un élargissement du rôle du droit dans l'arbitrage des conflits politiques et sociaux.

Chapitre 5

Le pouvoir de régulation de la vie politique par les juridictions constitutionnelles

Il est de plus en plus admis et constaté que les juridictions constitutionnelles participent à la vie politique des Etats par l'exercice de leurs compétences s'inscrivant dans le cadre de leurs missions essentielles.

Il est ainsi reconnu aux juridictions constitutionnelles la compétence d'assurer la régulation de la vie politique. Cependant, les textes juridiques n'offrent pas des définitions claires du concept et laissent ainsi la voie libre à chaque juge constitutionnel d'en fixer la définition, la portée et les limites.

Pour comprendre le concept, il parait impérieux de recourir à la doctrine, et celle-ci renseigne que la « régulation » est une notion relativement récente, elle a été employée pour la première fois en 1967 par François

LUCHAIRE[219] sans fixer les contours du terme avec les notions dérivées ou voisines[220].

Reprise à l'article 30 de la Constitution grecque du 9 juin 1975[221], elle est remise en cause parce que considérée comme étant suggestive autant qu'imprécise[222].

Plus acerbe encore comme critique, elle est considérée comme notion vague et générale [...] susceptible d'une approche subjective [...] une notion influencée par la pratique des institutions politiques[223].

Cependant, comme le suggère son origine, en recourant aux sciences de la nature ou la cybernétique, la régulation traduit la description d'un système global et la fonction qui maintient et reproduit l'ordre de ce système[224].

Rapportée aux sociétés humaines contemporaines, la régulation se fonde sur l'esprit et la lettre de la Constitution, laquelle trace la base du système global, les valeurs et les objectifs fondateurs du système politique. Les Cours constitutionnelles se font ensuite les dépositaires de la

---

219 LUCHAIRE F., « Le Conseil constitutionnel régulateur de l'activité normative des pouvoirs publics », *Revue de Droit Public*, 1967, p. 5.

220 NICAISSE M., « La fonction régulatrice des juridictions constitutionnelles en Afrique francophone », *Annuaire international de justice constitutionnelle*, 23-2007, 2008, p. 46.

221 En son point 1, cet article dispose que le Président de la République est le régulateur du régime politique.

222 GICQUEL J., « Préface », BARBAROUSSIS N., *La fonction régulatrice du Président de la République hellénique*, Paris, LGDJ, 2000, p. IX.

223 BARBAROUSSIS N., *Op. Cit.*, p. 257.

224 MARCOU G, « La notion juridique de régulation », *Actualité Juridique Droit Administratif*, 2006, p. 347.

fonction de régulation par le maintien et la reproduction de l'ordre constitutionnel[225].

Ainsi, réguler la vie politique, c'est la régler pour lui assurer un fonctionnement harmonieux, cohérent et rationnel ; mettre de l'ordre là où il n'y en a pas, et établir l'équilibre là où il y manque ou est menacé[226].

Dans cette optique, la régulation est un pouvoir qui va bien au-delà de la simple mission traditionnelle de contrôle reconnue aux juridictions constitutionnelles et de protection des droits et libertés fondamentaux, car elle permet au juge constitutionnel de s'immiscer dans le fonctionnement des institutions, que ce soit à travers l'exercice des fonctions consultatives ou d'un véritable pouvoir décisionnel[227].

Elle est une prérogative additionnelle, un étage supplémentaire de l'architecture de superposition des compétences des Cours constitutionnelles[228].

Le juge constitutionnel apparait et est reconnu comme le plus sage de la cité à qui incombe principalement la charge de soumettre toute la classe politique au droit en contrôlant ses actes, en orientant ses décisions et en tranchant les litiges liés à la gouvernance.

En assurant la régulation de la vie politique, le juge constitutionnel contribue efficacement à la juridisation de

---

[225] NICAISSE M., *Op. Cit.*, p. 46.

[226] ESAMBO KANGASHE J-L, *Traité de droit constitutionnel congolais*, Paris, l'Harmattan, 2017, p. 99.

[227] MBORANTSUO M.M., *La contribution des cours constitutionnelles à l'Etat de droit en Afrique*, Paris, Economica, 2007, p.241.

[228] NICAISSE M., *Op. Cit.*, p. 47.

la vie politique, la prévention des conflits politiques et favorise le fonctionnement régulier des institutions.

Section I : La juridicisation de la vie politique : la politique saisie par le droit

Depuis la nuit des temps, il y a toujours eu un antagonisme presque naturel entre le pouvoir politique et le droit : le premier voulant utiliser le deuxième comme son instrument et le deuxième voulant apprivoiser le premier en le soumettant aux principes qu'il impose.

Cependant, à la faveur de l'émergence du constitutionnalisme et de l'Etat de droit, le droit semble avoir pris le pas sur la politique, et partant la juridicisation de la vie politique parait actuellement beaucoup plus avancée qu'elle ne l'était il y a quelques décennies en arrière.

Le jeu politique que les acteurs voulaient à cœur joie faire émarger du giron des règles juridiques est aujourd'hui plus que jamais soumis à celles-ci. Par conséquent, les arguments constitutionnels prennent de plus en plus de l'ampleur dans les débats politiques et les acteurs politiques revendiquent de plus en plus la Constitution comme fondement de leurs comportements[229], naturellement la mission du juge est plus qu'indiquée.

Ainsi, le juge que l'on croyait transformer en simple spectateur ou en fervent scripteur des pratiques et usages *extra legem* est devenu aujourd'hui « l'arbitre du jeu

[229] ROUSSEAU D. *et alii*, *Op. Cit.*, pp. 785-786.

politique », l'intervenant extérieur qui en garantit le bon déroulement[230].

Le juge constitutionnel est donc devenu un rempart incontournable contre les dérives du pouvoir politique qu'il essaie d'endiguer grâce à ses décisions.

Mais loin de se réaliser de façon hasardeuse ou d'être une simple résultante de l'évolution des rapports sociaux, la juridicisation de la vie politique exige une réelle implémentation de l'Etat de droit et un fort ancrage du constitutionnalisme.

Paragraphe I : Exigence de l'Etat de droit

Pour espérer que le juge puisse censurer les comportements déviants des décideurs politiques, il faut préalablement que les règles de droit aient encadré l'arène politique et que ces règles soient de nature à s'imposer à tous, mais au-delà il faut que tous les acteurs sociaux soient prompts à se soumettre aux exigences qui ressortent desdites règles.

Ainsi, la juridicisation de la vie politique pouvant déteindre sur la régulation de la vic politique ne peut être effective que dans un Etat de droit.

L'Etat de droit est un concept polysémique dont la compréhension et l'appréhension varient grandement selon soit la conception française, dans laquelle s'affrontent positivistes[231] et jurisnaturalistes[232], soit la conception

---

[230] MEUNIER J., « Les décisions du juge constitutionnel et le jeu politique », *Pouvoirs, n° 105*, Avril 2003, pp. 29-30.

[231] Qui considèrent que l'Etat serait soumis à un droit supérieur et extérieur qui s'impose à lui. Lire HAMON F. et TROPER M., *Droit constitutionnel*, 35ième édition, Parsi, LGDJ, 2004, p. 76. KAMUKUNY MUKINAY A., *Le droit constitutionnel congolais*,

allemande, selon laquelle au-delà de préfigurer la subordination des normes[233] augure la survenance d'un Etat de droit constitutionnel, celui dans lequel la loi perd son statut de dogme ou d'acte sacré et incontestable par un juge au profit de la Constitution. Celle-ci devient une norme axiologique de l'ordre juridique tout entier en ce sens qu'il s'unifie et s'organise désormais au tour d'elle, entrainant dans son sillage un changement complet de paradigme juridique[234].

Notons, tout de même, qu'au-delà de toutes les divergences autour de la définition et la compréhension du concept Etat de droit, un seul et unique élément apparait mettre d'accord les auteurs, c'est la soumission au droit, que celui-ci soit d'origine naturelle, divine ou étatique.

L'Etat, les acteurs politiques et les citoyens doivent tous être soumis au droit élaboré suivant les mécanismes préétablis et en cas de manquement, le juge est habilité à infliger une sanction.

Kinshasa, E.U.A, 2011, p. 40. OMEONGA TONGOMO B. , *Le contrôle juridictionnel de l'Administration et l'Etat de droit en République démocratique du Congo. Bilan et perspectives d'une justice en mutation*, thèse de doctorat, Faculté de Droit et faculté de Droit et science politique, Université de Kinshasa et Université de Liège, 2012, p.43.

232 Qui opinent que l'Etat n'est limité que par le droit qu'il a lui-même élaboré, la théorie de *l'autolimitation*. Lire CARLIER J-Y., « De l'Etat de droit à l'état des droits », *journal des procès, n° 213*, Bruxelles, 1932, p. 39. REDOR M-J., *De l'Etat légal à l'Etat de droit . L'évolution des conceptions de la doctrine publiciste française 1872-1914*, Paris, FUAM et Economica, 1992, p.14.

233 HAMON F. et TROPER M ; *Op. Cit.*, p. 78.

234 CARPANO E., *Etat de droit et droits européens*, Paris, l'Harmattan, 2005, p. 232. MBOKO DJ'ANDIMA J-M., *L'Etat de droit constitutionnel : ancrages constitutionnels et implications de réalisation en République démocratique du Congo*, thèse de doctorat, faculté de Droit, Université de Kinshasa, 2009-2010, p. 6.

Par conséquent, l'intervention du juge constitutionnel dans la régulation de la vie politique a, en toile de fond, l'ambition souvent inavouée de soumettre incontestablement la politique aux règles juridiques, morales ou éthiques élaborées dans le but d'encadrer le monde politique, parce qu'au-delà de tout, l'Etat de droit peut également être considéré comme étant une vision de la société, inséparable de l'idée de démocratie, bonne gouvernance, la responsabilité des citoyens, la justice et l'administration de la cité[235].

Donc, plus un Etat est soumis au droit, plus la régulation de la vie politique, comme d'ailleurs d'autres compétences du juge constitutionnel, permet d'assurer un fonctionnement régulier des institutions. Par contre, moins un Etat est soumis au droit, la régulation de la vie politique n'y a d'autant pas d'effet qu'elle aboutit généralement à faire discréditer le juge constitutionnel qui apparait comme une digue superfétatoire face aux dérives du pouvoir politique.

Aucune juridicisation n'est pleinement effective sans que ne soient ancrés les principes du constitutionnalisme.

Paragraphe II : Exigence du constitutionnalisme

Avoir une constitution écrite et s'inscrire dans une production constitutionnelle intense ne suffisent pas pour attester de l'existence du constitutionnalisme dans un Etat, celui-ci est une exigence et une ligne-maitresse devant présider à la mise en place d'une constitution, d'ailleurs l'article 16 de la Déclaration française des droits de l'homme et du citoyen

---

[235] AKELE ADAU P. et DJOLI ESENG'EKELI J., « Enjeux de la démocratie en République démocratique du Congo : Questions fondamentales pour le politique chrétien catholique », *Liber amicorum Marcel Antoine Lihau (pour l'épanouissement de la pensée juridique congolaise)*, Bruxelles, Bruylant et PUC, 2006, p. 32.

dispose que « Toute société dans laquelle la garantie des droits n'est pas assurée, ni la séparation des pouvoirs déterminée n'a pas de constitution ».

Les chercheurs libéraux définissent généralement le constitutionnalisme comme un principe qui repose ou postule l'idée de la limitation des pouvoirs et de protection des libertés individuelles[236].

Il est donc un mouvement philosophique enclenché au XVIIIème siècle, visant en enserrer ou à limiter le pouvoir politique, jadis absolu, dans des règles, très souvent écrites[237].

C'est aussi l'un des moyens efficaces permettant de lutter vigoureusement contre l'arbitraire et l'absolutisme du pouvoir et aboutissant à son assujettissement aux limites dictées par la constitution et les droits et libertés des citoyens.

Cependant, en dépit de son acception quasi universelle, le constitutionnalisme n'a pas de définition univoque qui fasse unanimité au sein de la doctrine, voilà pourquoi l'on s'accorde à affirmer qu'il est établi grâce à ses trois facettes interdépendantes[238] : l'existence d'une constitution limitant les pouvoirs des gouvernants, la séparation des pouvoirs et la protection des droits et libertés fondamentaux des citoyens.

---

[236] MBATA BETUKUMESU MANGU A., « La suprématie de la constitution, indépendance du pouvoir judiciaire et gouvernance démocratique en République Démocratique du Congo », *httpp//:www.idgpa.org.* (Consulté le 30 décembre 2020).

[237] DJOLI ESENG'EKELI, *Droit constitutionnel congolais l'expérience congolaise (RDC),* Paris, L'Harmattan, 2013, p. 36.

[238] KAMUKUNY MUKINAY A., *Op. cit*, p. 34.

Ces éléments font du constitutionnalisme un mécanisme incontournable de juridicisation de la vie politique pour trois raisons.

Premièrement, autant qu'il exige l'existence d'une constitution écrite, autant il suppose que cette constitution comporte des règles qui fixent les statuts des autorités politiques, et par conséquent encadre le pouvoir dans les limites des compétences dont les dépassements peuvent valablement justifier l'intervention du juge pour censurer les actes posés *ultra petita*, n'est-ce pas là une forme de juridicisation de la vie politique ?

Deuxièmement, ne pouvant pas justifier la concentration des différents pouvoirs de l'Etat au profit d'un seul organe et pour éviter des abus que pareil agissement occasionnerait, la séparation des pouvoirs qu'exige le constitutionnalisme astreint les organes de l'Etat d'être respectueux des principes dictés par le bon sens, lesquels président à l'organisation des Etats modernes, même si ceux-ci ne sont pas clairement évoqués dans des textes des lois.

Troisièmement, si le constitutionnalisme répond à une idéologie libérale fondée sur la croyance au droit comme promoteur de l'ordre légitime universel, et de la constitution comme limite à l'arbitraire du pouvoir[239], il concourt principalement à la protection des droits et libertés des citoyens.

Les rapports entre l'autorité et la liberté sont élaborés de telle sorte que celle-ci ne soit pas un moyen de

---

[239] KPODAR A., « Bilan sur un demi-siècle de constitutionnalisme en Afrique noir francophone », *http//:afrilex.u-bordeaux.fr. (*Consulté le 30 décembre 2020).

brimade de celle-là, auquel cas le juge serait fondé à intervenir pour rétablir l'équilibre ainsi rompu.

Grosso modo, la juridicisation de la vie politique exige également pour sa concrétisation que l'Etat s'inscrive dans la logique du constitutionnalisme, car celui-ci constitue sans doute l'épine dorsale qui sous-tend toute la logique derrière la limitation des pouvoirs des gouvernants par son encadrement juridique dans la constitution. Ce qui permet également d'éviter des conflits politiques inutiles.

Section II : Nécessité de prévention des conflits politiques

A n'en point douter, la régulation de la vie politique assure la prévention des conflits politiques, celle-ci est une compétence avant-gardiste qui garantit des rapports réguliers et apaisés entres différentes institutions de l'Etat et entre celles-ci est les citoyens.

En effet, les rapports entre acteurs politiques sont généralement de conflictualité et avec le peuple ils sont des rapports de méfiance mutuelle, d'où l'impérieuse nécessité de faire intervenir un acteur dont la seule motivation serait celle d'assurer le respect des textes préexistants qui organisent la vie et garantissent la paix sociale.

En régulant la vie politique, l'intervention du juge constitutionnel permet également d'éviter des conflits que pourraient faire naitre son inaction ou l'intervention exclusive des acteurs politiques, étant donné que ceux-ci agissent souvent au gré de leurs intérêts partisans.

Nous pouvons constater sans ambages que dans leur quête du pouvoir et dans les manœuvres pour le conserver, les acteurs politiques sont prêts à fouler aux pieds les principes et règles éthiques nécessaires à gouvernance et extériorisent généralement des ambitions démesurées dont la quête de la réalisation crée des crises en opposant la classe politique ou en enclenchant des conflits entre acteurs politiques et la population.

Ainsi, grâce notamment à la juridictionnalisation de la vie politique, par le biais de ses jugements, le juge constitutionnel chercher également à moraliser la vie politique[240] et à atténuer les ardeurs politiciennes.

Paragraphe I : La moralisation de la vie politique

Les acteurs politiques ne sont pas plus citoyens que les autres, cependant, ils sont les plus en vue d'entre tous. Ils doivent, par conséquent, servir d'exemple au regard des fonctions et de la place qu'ils occupent dans la société.

La probité, l'éthique et la déontologie doivent être leur ligne-maitresse en vue d'assurer la confiance des citoyens envers l'Etat, a contrario leurs mauvais exemples risquent d'être des sources d'inspiration pour plusieurs autres citoyens dans d'autres domaines de la vie sociale.

Bien plus, ils sont tenus de cultiver des valeurs qui concourent aux bonnes mœurs en politique.

Dans l'espace politique, les bonnes mœurs sont celles qui s'inscrivent dans le cadre axiologique délimité par la

---

[240] Lire dans ce sens MERIEAU E., « Le juge constitutionnel face à l'exigence de moralisation de la vie politique : le pouvoir de destitution des élus pour corruption dans les démocraties émergentes », *Annuaire international de justice constitutionnelle, 33-2017, 2018*, pp. 656-657.

culture politique républicaine[241], d'autant plus que, comme souligné par Montesquieu[242], contrairement à un gouvernement despotique ou monarchique où la forces des lois et la main du prince toujours levée règlent ou contiennent tout, dans un Etat populaire, il faut un ressort de plus, qui est la vertu.

Au cas où cette vertu vient à manquer, le juge, notamment le juge constitutionnel, se voit confié d'une mission plus que salutaire qui est celle de moraliser la vie publique, c'est pourquoi il est de plus en plus appelé à jouer un rôle d'arbitre voire de haute cour de justice dans les démocraties émergentes[243]. Cette mission est très importante et très salutaire surtout dans le contexte des Etats africains où rester indéfiniment au pouvoir est la panacée des plusieurs chefs d'Etats. C'est pourquoi, ils sont même prêts à marcher sur les cadavres de leurs concitoyens qu'ils n'hésitent pas, par ailleurs, à opposer les uns aux autres.

Par ailleurs, du point de vue empirique l'on observe que le respect des droits et libertés des citoyens ne constitue pas toujours un impératif auquel les gouvernants doivent se soumettre dans l'exercice de leurs prérogatives constitutionnelles. Pour la plupart d'entre eux, les textes dont la constitution sont des simples parchemins qu'ils peuvent facilement modifier aux grés des ambitions personnelles, dénaturer, décontextualiser, voire fouler aux pieds.

---

241 CHEVALLIER J., « Bonnes moeurs et morale republicaine », *Centre de recherches administratives et politiques de Picardie*, Paris, puf, 1994, p. 187. NABLI B., « fondements de la « moralisation-juridicisation » de la vie Politique », *Pouvoirs, n° 154*, 2015, p. 153.

242 MONTESQUIEU, *De l'esprit des lois* (1748), Paris, Gallimard, 2012, p. 115-116.

243 MERIEAU E., *Op. Cit.*, p. 657.

Dans ce contexte, le juge constitutionnel est l'un des derniers remparts à qui incombe la lourde charge d'assurer la régulation de la vie politique en la moralisant par des jugements qui imposent le respect des valeurs républicaines dont notamment l'alternance, le recul face aux droits des citoyens, la redevabilité et la bonne gouvernance.

Ainsi imposées, ces valeurs permettent au juge constitutionnel d'assurer l'atténuation d'ardeurs politiciennes et surtout d'éviter des conflits qui naissent du fait de l'immoralité.

Paragraphe II : Atténuation des ardeurs politiciennes

Le juge constitutionnel est non seulement arbitre, mais aussi moralisateur et éducateur qui, grâce à son aura, son prestige constitutionnel et institutionnel, peut se permettre de recadrer les animateurs des institutions politiques et leur indiquer dans quelle direction orienter leur décision, il est donc, d'après Louis Favoreu, un aiguilleur[244]. Ce faisant, il atténue et calme la gloutonnerie politicienne.

Ceci entraine comme conséquence que les animateurs des institutions politiques évitent de violer la constitution dans le but de réaliser leurs propres intérêts, de peur que le juge constitutionnel ne sanctionne leur acte et qu'ils s'attirent ainsi le discrédit et le mauvais œil des citoyens.

Ce faisant, le juge constitutionnel assure aussi le fonctionnement régulier des institutions.

Section III : Nécessite d'assurer le fonctionnement régulier des institutions

Les institutions politiques incarnent le pouvoir de l'Etat, donc la qualité de leur fonctionnement a une

---

244 FAVOREU L. *et alii.*, Droit constitutionnel… *Op. Cit*, p. 398.

incidence certaine sur sa vie, le juge constitutionnel, protecteur de la constitution, doit certifier la qualité de cette vie et s'assurer qu'il n'y ait pas d'obstacles à son bon déroulement.

Envers les institutions, le juge constitutionnel veille au respect de la répartition constitutionnelle des compétences et cherche à décanter toute situation de blocage pouvant affecter le fonctionnement régulier des institutions en assurant sa lubrification.

Paragraphe I : Respect de la répartition constitutionnelle des compétences

Les compétences sont d'attribution en droit public. Cependant, dans leur fonctionnement, les institutions politiques peuvent, dans certains cas, se retrouver dans la situation d'empiétement des compétences des une par d'autres. Il peut s'agir également d'un cas de refus par une institution politique de refuser d'intervenir dans une matière qui relève de sa compétence. Dans un tel contexte, l'on est loin du fonctionnement harmonieux des institutions de l'Etat.

C'est pour cette raison qu'en vue d'assurer le fonctionnement régulier des institutions, le juge constitutionnel veille également au respect de la répartition constitutionnelle des compétences pour éviter que l'action institutionnelle au-delà ou en deçà pose des problèmes dans le fonctionnement de l'Etat ou n'engendre des crises.

Il en résulte que saisi avant la promulgation d'une loi ou après celle-ci, le juge est appelé à éviter un blocage du fonctionnement des institutions qu'engendrent les conflits des compétences en veillant au respect de la répartition constitutionnelle. C'est donc dans cette optique qu'au nom de la régulation certaines décisions des autorités administratives et des lois peuvent être annulées pour inconstitutionnalité.

Paragraphe II : Lubrification des institutions

Pour le juge constitutionnel, lubrifier les institutions c'est en éviter des blocages en rendant des décisions qui facilitent ou améliorent leur fonctionnement et pacifient la vie politique

Concrètement, les juridictions constitutionnelles résolvent des conflits politiques nés ou les évitent de justesse grâce aux arrêts prémonitoires qui préviennent la survenance des conflits politiques ou qui en résolvent.

Conclusion

C'est ainsi que, par exemple, lorsque la majorité et l'opposition s'affrontent sur des questions importantes, des choix de société, [...], le recours au juge constitutionnel est de nature à apaiser le débat et à le rendre plus serein, voire à le faire disparaître, dès lors que sa décision tranche la question en termes juridiques[245].

Face aux excès de la majorité, aux caprices de l'opposition et au désarroi du peuple, il y a désormais un acteur ultime pour assurer et maintenir l'équilibre.

Ceci étant, il s'avère indispensable de dire un mot sur l'activité de régulation telle qu'assurée concrètement par les juges constitutionnels français, béninois et congolais.

---

245 FAVOREU L *et alii.*, Droit constitutionnel... *Op. Cit.*, p. 398.

Chapitre 6

La régulation de la vie politique par les juges constitutionnels français, béninois et congolais

En dehors de leurs compétences classiques de contrôle de constitutionnalité et de protection des droits et libertés fondamentaux des citoyens, comme développés un peu plus haut, les juges constitutionnels français, béninois et congolais se sont vus reconnaitre par la constitution ou se sont octroyés à l'occasion de règlement de certains litiges politiques, la compétence de régulation des institutions politiques et des pouvoirs publics.

En effet, si la constitution béninoise reconnait à la Cour constitutionnelle la compétence de régulation[246], il n'en est pas ainsi de la République Démocratique du Congo où cette compétence est issue de l'œuvre jurisprudentielle du juge constitutionnel, à l'occasion des litiges sur le processus

---

[246] Article 114.

électoral[247] et de la France où sans que cette compétence ne soit clairement prévue dans la constitution, le Conseil constitutionnel a, cependant à maintes reprises, régulé la vie politique française, notamment lors de la première alternance de la Vème république que connut le pays en 1981[248], alternance qu'il encadra et authentifia comme conforme à la constitution, à travers une quarantaine des décisions[249].

Même si cette compétence parait souhaitable, à juste titre, parce qu'elle concourt tant soit peu à la pacification politique surtout dans les Etats africains, celle-ci n'a pas pignon sur rue dans les milieux politiques et des juristes acquis à la cause politicienne parce qu'elle est un indicateur majeur de la judiciarisation, de plus en plus, croissante de la vie politique autant qu'elle accroit et fortifie au profit des juridictions constitutionnelles, les rôles de gardiennes de la constitution et de garantie de la stabilité politique dans l'Etat.

Ce qui, à première vue, non seulement fait peur aux acteurs politiques africains habitués, pour la plupart, aux excès et à l'impunité, mais aussi semble concurrencer quelque peu le prestige dont disposaient les autorités politiques comme le Président de la République, dont l'image de l'homme fort issu du suffrage universel et de père de la nation se renforçait aussi par son aptitude à juguler les crises politiques nées dans l'Etat.

Bien plus, la régulation politique pourrait également paraitre comme une compétence de trop au profit

---

[247] Arrêts R.Const. 0089 du 8 septembre 2015 et R.Const. 0338 du 17 octobre 2016.

[248] FAVOREU L., « Le conseil constitutionnel et l'alternance », *Revue française de science politique*, 34e année, n°4-5, 1984.

[249] *Idem*, p. 2.

d'une justice qui, bien que largement acceptée et installée dans plusieurs Etats du monde, se voit parfois instrumentalisée et remise en cause en Afrique et Amérique latine et dont la légitimité est contestée en occident par ses détracteurs, qui estiment qu'elles se seraient accaparée des compétences appartenant normalement au peuple[250].

Qu'à cela ne tienne, la régulation de la vie politique a non seulement accru les contrepoids des juridictions constitutionnelles face aux pouvoirs exécutif et législatif mais plus encore placé les juridictions et le droit constitutionnels dans une position d'autorité et de suprématie[251].

La Cour assure donc la régulation du fonctionnement des institutions. Et à en croire Nicaise MEDE, le concept « institution » doit être pris dans son sens large[252], ce qui parait rejoindre la conception du doyen FAVOREU qui entend par le concept les associations, les autorités administratives indépendantes, les pouvoirs publics, les juridictions, les établissements publics[253].

Lorsque l'on se penche encore du côté du droit constitutionnel substantiel, « le droit constitutionnel des

---

[250] ADOUKI D. E., « Contribution à l'étude de l'autorité des décisions du juge constitutionnel en Afrique », *Revue française de droit constitutionnel*, 2013/3 n° 95, p. 634. FASSASSI I., « La légitimité de la justice constitutionnelle aux Etats-Unis d'Amérique face au « constitutionnalisme populaire » », *Annuaire international de justice constitutionnelle*, 23-2007, 2008.
[251] KALUSZYNSKI M., « La judiciarisation de la société et du politique », Allocution au colloque RIAD PARIS, 21-22 septembre 2006.
[252] MEDE N., *Op. Cit.*, p. 48.
[253] FAVOREU L., « Droit de la Constitution et Constitution du droit », *RDP*, 1990, p. 75.

libertés »[254], la compétence de régulation des institutions accroit dès lors que les juridictions constitutionnelles sont protectrices des droits et libertés des citoyens, et, à ce titre, elles peuvent au nom de ces libertés réguler le fonctionnement de plusieurs types d'institutions, voire celles qui fonctionnent selon les mécanismes relevant du droit privé[255].

C'est donc dans cette perspective qu'il parait plus qu'impérieux de voir ce qu'il en est en France, au Bénin et en RDC.

Section I : le conseil constitutionnel et le pouvoir de régulation des institutions en France

Le Conseil constitutionnel français a, grâce à l'émergence au tournant des années 1970 et son positionnement comme acteur à part entière du système politique[256], accru son influence sur l'échiquier institutionnel et concourt actuellement au bon fonctionnement des institutions politiques et des pouvoirs publics « en France.

Bien que l'activité du juge constitutionnel français se soit également inscrite dans la mission de régulation des institutions, celle-ci n'a pas d'assise constitutionnelle, elle est une compétence essentiellement jurisprudentielle autant qu'elle a permis de gérer ou de résoudre certains problèmes ponctuels.

Paragraphe I : La régulation en France est une compétence d'origine jurisprudentielle

Bien qu'ayant consacré tout le chapitre VII de son œuvre au Conseil constitutionnel, le constituant français de 1958 ne reconnait pas expressément la juridiction comme étant régulatrice du fonctionnement des institutions françaises. C'est

---

[254] *Idem*

[255] MEDE N., *Op. Cit.*, p. 49.

[256] *Ibidem*.

en 1962, à l'occasion du contrôle de constitutionnalité de la loi référendaire du 28 octobre 1962 portant modification du mode d'élection du Président de la République française que pour faire valoir son incompétence, le Conseil constitutionnel a déclaré qu'il résulte de l'esprit de la Constitution qui a fait du Conseil constitutionnel un organe régulateur de l'activité des pouvoirs publics que les lois que la Constitution a entendu viser dans son article 61 sont uniquement les lois votées par le Parlement et non point celle qui, adoptées par le Peuple à la suite d'un référendum, constituent l'expression directe de la souveraineté nationale[257].

En s'auto-attribuant la compétence de régulateur de l'activité des pouvoirs publics, le Conseil donna à sa mission une définition plus générale que celle, jadis, consacrée au titre VII de la Constitution[258].

Cependant, le 20 septembre 1992 soixante députés saisissent le Conseil pour qu'il se prononce sur la régularité de la loi référendaire autorisant la ratification du Traité de Maastricht. Dans leur litanie d'arguments, ils estiment entre autre que le rôle du Conseil a changé depuis 1962, abandonnant celui d'organe régulateur de l'activité des pouvoirs publics pour devenir le garant de l'ensemble de l'ordre juridique[259].

Dans sa décision, le Conseil réaffirme, comme en 1962, son refus de contrôler les lois référendaires mais nc réaffirme pas sa compétence d'organe régulateur d'activités des pouvoirs publics. Ce qui permet au professeur ROUSSEAU d'affirmer que le Conseil a concédé à l'argumentaire des parlementaires et a, en bon droit, fait disparaitre cette formule parce qu'elle n'avait aucune signification juridique[260].

Mais, ne pas reprendre une formule dans un litige similaire à celui qui a donné lieu à sa consécration n'est

---

[257] Conseil const., 61-20 DC, 6 novembre 1962.

[258] GALA. P. *et alii*, *Les grandes décisions du Conseil constitutionnel,* 17ème édition, Paris, Dalloz, 2013, p. 150. Cité par ESAMBO KANGASHE J-L., *Traité de droit constitutionnel. Op. Cit.*, 101.

[259] Lire dans ce sens ROUSSEAU D. *et alii*, *Op. Cit.*, p. 156.

[260] *Idem*, pp. 156-157.

pas du tout suffisant pour faire le bilan de sa mise à l'écart. Si telle avait été l'intention du Conseil, il le consacrerait par un revirement jurisprudentiel clair comme l'a été sa consécration.

Aucune disposition de la Constitution française ne donne les conditions dans lesquelles le pouvoir de régulation peut être usé, sur saisine ou *ex officio*. Ce qui ouvre la voie vers un champ opératoire large pour l'exercice de ce pouvoir au profit du Conseil constitutionnel. Cela permet, comme en Afrique, d'inscrire l'action du juge dans la prévention des crises politiques et la protection des libertés publiques et droits fondamentaux garantis dans la Constitution[261]. C'est ainsi qu'il ressort de l'étude des arrêts du Conseil constitutionnel qu'il s'en est servi pour jouer le rôle d'aiguilleur en orientant les actions des pouvoirs publics.

C'est ainsi que le Conseil constitutionnel pacifie la vie politique et prévient la survenance des conflits.

Paragraphe II : La prévention des conflits et la pacification de vie politique

Grace à son pouvoir régulateur, il arrive que le conseil constitutionnel français prévienne des crises politiques ou concoure à la pacification de la vie politique face aux mésententes politiques inévitables.

En effet, le Conseil constitutionnel, en tant que régulateur, prévient la survenance des conflits politiques en encadrant l'action politique et en l'orientant, c'est ce qui fut fait lors de la survenance de la première alternance politique en France de la cinquième république au cours de laquelle placé au carrefour du flot, il a canalisé le flot du changement en orientant les réformes soit vers la voie réglementaire, soit vers la voie législative ordinaire, soit vers la voie législative organique, soit vers la voie constitutionnelle[262].

---

[261] ESSAMBO KANGASHE J-L., *Traité de droit constitutionnel congolais. Op. Cit.*, p. 106.

[262] FAVOREU L., « Le Conseil constitutionnel et l'alternance politique ». *Op. Cit.*, p. 1015.

En régulant ainsi la vie politique française, le conseil a dignement fait asseoir sa légitimité sans laisser transparaitre les opinions politiques ou la coloration politique de ses membres[263] et ne disant que le droit et en accordant le crédit de conformité à la constitution à toutes les réformes qui ont été entreprises par la gauche majoritaire au parlement.

Il va sans dire que n'eut été cette intervention louable à juste titre du Conseil, la nouvelle majorité s'évertuerait à rendre la monnaie de sa pièce à l'ancienne majorité en faisant passer des réformes dictées juste par l'euphorie de la réussite ou par les motivations vindicatives, sans se soucier de leur conformité à la constitution.

Les décisions du conseil ont non seulement encadré les flots du changement, mais aussi ont permis d'éviter que ne s'installent des crises politiques qui auraient pour fondement le non-respect des prescrits constitutionnels par un camp, ce qui aurait justifié des actes de représailles par la droite lorsqu'elle revint aux affaires quelques années plus tard[264].

La justice constitutionnelle a ainsi été un contrepoids remplissant une mission de plus en plus nécessaire dans les systèmes démocratiques où la traditionnelle séparation des pouvoirs entre législatif et exécutif a cédé la place à un face-à-face majorité-opposition[265].

Par ailleurs, grâce à la régulation, le Conseil constitutionnel contribue aussi à la pacification politique.

En effet, au regard de la place et de l'importance de la Constitution au sein de l'Etat français, du rôle de plus en plus prégnant du Conseil constitutionnel et de la tendance actuelle de la juridicisation des débats politiques en recourant au juge pour résoudre des conflits, il se dégage un

---

[263] Lire dans ce sens LUCHAIRE F, « Le Conseil constitutionnel et l'alternance politique », *Revue française de droit constitutionnel,* n[0] 54, 2004.

[264] L'Assemblée nationale a eu une majorité de gauche de 1981 à 1986, de 1988 à 1993, et de 1997 à 2002. En dehors de ces périodes, la majorité est revenue à la droite. Lire LUCHAIRE F., *Op. Cit.*, p. 10.

[265] FAVOREU L *et alii*, Le droit constitutionnel. *Op. Cit.*, p. 397.

constat heureux suivant lequel le Conseil constitutionnel pacifie la vie politique française en rendant des décisions qui rompent des divergences politiques ou apaisent et font clore les débats , ce qui aboutit quelque peu à la disparition des modes politiques de règlement des conflits politiques.

Cette pacification est intervenue à diverses occasions : en 1974-75, lors du vote de la loi sur l'interruption volontaire de grossesse ; en 1975-76, lorsqu'il s'est agi de ratifier l'engagement international permettant d'élire le Parlement européen au suffrage universel direct ; en 1981-82 lors de l'affaire des nationalisations ; en 1984 à propos de la loi sur les entreprises de presse[266].

L'œuvre du Conseil est plus que nécessaire pour le maintien de l'équilibre entre institutions constitutionnelles mises en place dans la cinquième république française, cela permet de rapprocher son influence à celle de la Cour constitutionnelle béninoise dont les compétences en cette matière font large échos et suscitent admirateurs et pourfendeurs.

Section II : La régulation au Bénin

Si le juge constitutionnel béninois est actuellement considéré comme la clé de voûte de l'architecture institutionnelle et l'instrument privilégié de l'édification de l'Etat de droit et de la démocratie[267], c'est parce qu'il a fait preuve d'un activisme très fort dans le cadre non seulement du contrôle de constitutionnalité et de la protection des droits et libertés des citoyens, mais aussi et surtout dans celui de la régulation de la vie politique.

A travers son activité régulatrice de la vie politique béninoise, il s'est affirmé, à n'en point douter, comme juridiction incontournable au pinacle de la hiérarchie

---

[266] *Idem.*

[267] ODIMULA LOFUNGUSO L., *Op. cit.*,, p. 48-49.

institutionnelle, et est à ce jour, une institution très influente dont l'aura et la renommée sont de plus en plus grandissants au gré de sa capacité à pacifier et à lubrifier l'arène politique et à servir de leçon à d'autres juridictions similaires sur le continent africain.

Le juge constitutionnel béninois assure la régulation comme une compétence dont la consécration est constitutionnelle et son usage ressurgit à travers une jurisprudence appréciable à juste titre et à juste valeur.

Paragraphe I : La régulation de la vie politique est une compétence constitutionnelle au Bénin

Si l'on se réfère à l'histoire politique du Bénin d'avant 1990, celle-ci renseigne une instabilité politique criante marquée par des coups d'Etats avant que ne s'installe une dictature marxiste-léniniste qui a précédé l'instauration du régime démocratique actuel.

Ces crises politiques étaient justifiées tant par les violations constitutionnelles à répétition par les institutions établies que par le manque des mécanismes juridiques efficaces et acceptés par tous pouvant trouver des solutions idoines aux conflits politiques nés ou en gestation. C'est assurément pour cette raison que le constituant béninois d'après la conférence nationale a prévu l'existence désormais d'un mécanisme constitutionnel et juridictionnel permettant de résoudre certains problèmes politiques et offrant des garanties de crédibilité.

En effet, l'article 114 de la constitution béninoise consacre le pouvoir de régulation en ces termes : La Cour constitutionnelle est la plus haute juridiction de l'État en matière constitutionnelle. Elle est juge de la constitutionalité de la loi et elle garantit les droits fondamentaux de la personne humaine et les libertés publiques. Elle est l'organe régulateur du fonctionnement des institutions et de l'activité des pouvoirs publics.

Le constituant béninois n'est pas le seul à prévoir cette compétence expressément, on peut relever notamment la constitution tchadienne du 15 juillet 2005[268], la constitution congolaise du 25 octobre 2015[269], la constitution gabonaise du 12 avril 2011[270], la constitution ivoirienne du 23 juillet 2000[271] et constitution camerounaise du 15 avril 2008[272].

La Cour constitutionnelle béninoise assure donc la régulation comme étant une compétence constitutionnelle classique à côté du contrôle de constitutionnalité et de la protection des droits et libertés. Et actuellement, elle exerce cette fonction dans toute sa plénitude[273]. Même si les arrêts rendus dans ce cadre quoi que définitifs n'aient pas toujours pignon sur rue en milieux politiques et dans l'opinion nationale et scientifique.

Cependant, ces arrêts constituent une œuvre jurisprudentielle appréciable à juste titre et à juste valeur.

Paragraphe II : Une œuvre jurisprudentielle appréciable à juste titre et à juste valeur

Les attributions de la Cour constitutionnelle béninoise en matière de régulation du fonctionnement des institutions et de l'activité des pouvoirs publics sont classiques, mais c'est la pratique qu'en fait la Cour qui, au bilan, apparaît audacieuse et risquée[274].

Cependant, cet activisme de la Cour bien qu'appréciée parce que permettant à assurer la pérennité du régime démocratique et la stabilité politique lui a valu, tout de même, des diatribes très virulentes des quelques scientifiques, des parlementaires beaucoup plus et plus récemment des certaines juridictions à cause de l'interprétation large de ses

---

268 Article 162, al. 5.

269 Article 165.

270 Article 83.

271 Article 88, al. 2.

272 Article 46.

273 BADET G., *Les attributions originales de la Cour constitutionnelle du Bénin. Op. Cit.*, p. 242.

274 AIVO J-F., « La Cour constitutionnelle du Bénin », *Revue française de droit constitutionnel. Op. Cit.*, p. 735.

compétences, en matière de protection des droits et libertés des citoyens.

Qu'à cela ne tienne, l'œuvre de la Cour poursuit bien son bonhomme de chemin et fait échos d'une justice stable, voulue et acceptée par plusieurs et contribue, non sans vices, à la stabilité politique, constitutionnelle et l'édification de l'Etat de droit démocratique, par-dessus tout à assurer la paix sociale.

Ainsi, la régulation des institutions et du fonctionnement des services publics n'a pas de définition dans la constitution, celle-ci ne s'arrêtant qu'à évoquer clairement deux hypothèses aux articles 81 alinéa 2 qui dispose que la Cour constitutionnelle statue souverainement sur la validité de l'élection des députés et 117 qui dispose en son alinéa premier que la Cour constitutionnelle statue obligatoirement sur [...] les conflits d'attributions entre les institutions de l'État.

Le contenu réel de la compétence résulte évidemment de la définition, souvent extensive et parfois problématique qu'en fait le juge lui-même dans le cadre des affaires dans lesquelles il est appelé à intervenir.

C'est ainsi donc qu'au-delà de veiller à la régularité de la dévolution du pouvoir politique, la Cour s'occupe également de l'exercice de ce pouvoir ou des rapports avec celui-ci aussi bien par le Président de la République, l'Assemblée nationale que par la Commission électorale.

En matière électorale, le juge constitutionnel béninois s'est illustré comme étant impartial et crédible[275] à travers des arrêts audacieux qui ont permis soit la création de la Commission électorale (CENA)[276], soit le rejet de certaines candidatures[277], l'invalidation de certains élus[278] et à la

---

[275] AIVO J. F., « Les juridictions constitutionnelles africaines et les crises : le cas du Bénin », Allocution au 5ème Congrès de l'Association des Cours constitutionnelles ayant en partage l'usage du français (A.C.C.P.U.F.), Cotonou, juin 2009.

[276] Décision DCC 34-94 du 23 décembre 1994.

[277] Décision EL 95-092 du 19 mai 1995.

[278] Décision 95-129 du 17 août 1995.

déchéance d'autres[279] ou soit la prorogation du délai de convocation du corps électoral[280] pour éviter le vide institutionnel lié à la paralysie du processus électoral[281].

C'est plutôt dans le cadre du contrôle de l'exercice du pouvoir[282] que la Cour s'est un peu plus largement déployée et a effectivement donné un contenu à la régulation et au fonctionnement des institutions en s'érigeant en lubrifiant institutionnel et en disciplinant les acteurs politiques[283]. C'est dans cette optique que la Cour a contribué au dénouement de certaines crises dont l'issue aurait fatalement causé de graves conséquences sur le fonctionnement de l'Etat et aurait ipso facto sacrifié plusieurs années et efforts en vue de l'instauration d'une réelle démocratie au Bénin.

En effet, en 2003, la Cour a permis à désamorcer la crise résultant du refus de la doyenne d'âge alors Présidente provisoire de l'Assemblée nationale d'organiser les élections du bureau définitif au motif que l'opposition devait également y avoir un poste. Face au refus de la majorité, elle s'évertua à reporter plusieurs fois les plénières de vote. Saisie par les députés de la majorité et quelques citoyens, la Cour déclara le comportement de la doyenne contraire à la constitution[284] et lui enjoint d'organiser les élections du bureau, à défaut de ce faire, elle serait remplacée. Saisi une seconde fois par des recours faisant état d'une énième suspension de la séance par la doyenne. Dans sa décision, la Cour lui enjoignit de convoquer une séance et de poursuivre sans discontinuité au cours de la même séance l'élection des autres membres du Bureau, en cas de résistance, qu'il soit procédé immédiatement

---

[279] Décision 95-129 du 17 août 1995

[280] Décision EL-P 01-051 du 16 mars 2001, EL-P 06-019 du 16 mars 2006 et Décision EL 11-024 du 4 mars 2011.

[281] BADET G., Les attributions originales de la Cour constitutionnelle du Bénin. *Op. Cit.*, p. 261.

[282] AIVO J-F., « La Cour constitutionnelle du Bénin », *Revue française de droit constitutionnel. Op. Cit.*, p. 737.

[283] BADET G., *Les attributions originales de la Cour constitutionnelle du Bénin. Op. Cit.*, p. 243.

[284] Décision DCC 03-077 du 07 mai 2003.

à son remplacement par le doyen d'âge suivant, et ainsi de suite jusqu'à l'aboutissement du processus électoral, le tout devant s'accomplir impérativement dans les 48 heures de la date de la décision, la Cour fixa même la date de l'installation du nouveau bureau au plus tard le mercredi 14 mai 2003, à minuit[285]. Cette décision fut respectée et le bureau fut installé, à cette même date.

Par cette décision la Cour a évité de justesse une paralysie à l'Assemblée nationale, laquelle aurait eu inévitablement des répercussions sur d'autres institutions, entrainant ainsi le blocage dans leur fonctionnement régulier.

A côté de cette décision, il faudrait également évoquer celle du 8 janvier 2009[286], dans laquelle la Cour, pour annuler la désignation des 6 députés devant siéger à la Haute Cour de Justice provenant tous de l'opposition-majorité mais non déclarée au Président de la République, a jugé que le choix des députés appelés à représenter l'Assemblée Nationale en tant que Corps, à animer ses organes de gestion ou à siéger au sein d'autres institutions de l'État, doit se faire selon le principe à valeur constitutionnelle de la représentation proportionnelle majorité/minorité.

Par ailleurs, la Cour régulatrice–disciplinaire s'est également illustrée par des décisions de rappel à l'ordre en déclarant certains comportements d'acteurs publics inconstitutionnels, parfois même en dehors de toute saisine extérieure.

On peut évoquer ici la décision du 5 Avril 1996[287], par laquelle la Cour déclare non conforme à la Constitution le serment prêté par le Président nouvellement élu, Matthieu KEREKOU, au motif que celui-ci ait omis de reprendre la portion de phrase « les mânes des ancêtres », comme cela figure bien à l'article 53 de la Constitution.

[285] Décision DCC 03-078 du 12 mai 2003.
[286] Décision DCC 09-002 du 8 janvier 2009.
[287] DCC 96 O17 du 5 Avril 1996.

Pour la haute cour, la formule contenue à l'article 53 de la Constitution est sacramentelle indivisible et ne saurait en aucun cas, subir une quelconque modification.

Le Président dût prêter de nouveau serment en reprenant la formule constitutionnelle in extenso[288] pour se conformer à la décision de la Cour.

Sur un autre registre, la Cour a également jugé contraires à la Constitution les propos tenus par le Chef de l'Etat, à l'occasion de l'entretien télévisé dénommé « BONI YAYI » à cœur ouvert, diffusé le 2 aout 2012[289].

Elle a également considéré inconstitutionnels les propos de la Ministre de l'agriculture favorables à un troisième mandat pour le Président de la République, dans une émission télévisée[290].

Bien que pas très exhaustifs, ces quelques exemples évoqués ci-haut suffisent pour donner une idée claire et nette sur l'activisme du juge constitutionnel béninois et surtout pour illustrer son intervention très poussée dans l'arène politique en vue de la soumettre aux règles de droit et de bon sens, lesquelles sont impératives et nécessaires à l'instauration et la consolidation d'un Etat de droit véritablement démocratique.

---

[288] Devant Dieu, les mâles des ancêtres, la Nation et devant le Peuple béninois, seul détenteur de la souveraineté ; Nous..., président de la République, élu conformément aux lois de la République jurons solennellement : de respecter et de défendre la Constitution que le Peuple béninois s'est librement donnée ; de remplir loyalement les hautes fonctions que la Nation nous a confiées ; de ne nous laisser guider que par l'intérêt général et le respect des droits de la personne humaine, de consacrer toutes nos forces à la recherche et à la promotion du bien commun, de la paix et de l'unité nationale de préserver l'intégrité du territoire national ; de nous conduire partout en fidèle et loyal serviteur du Peuple. En cas de parjure, que nous subissions les rigueurs de la loi ». Article 53 alinéa 2 de la Constitution béninoise.

[289] Décision 13-071 du 11 juillet 2013.

[290] Décision DCC14-156 du 19 aout 2014.

Devant toutes les critiques virulentes et acerbes souvent justifiées auxquelles elle fait face, les conséquences positives de ses décisions sur la pacification de la vie politique, la contribution au fonctionnement régulier des institutions et l'évitement de l'instabilité politique occasionnée souvent par des crises politiques non solutionnées ou mal solutionnées constituent à ce jour, à notre avis, sa meilleure et plus grande défense et surtout l'argument le plus costaud de son maintien dans l'ossature institutionnelle juridictionnelle béninoise.

C'est d'ailleurs pour cette raison qu'elle sert d'exemple à d'autres juridictions constitutionnelles sur le continent à exemple du juge constitutionnel congolais qui affiche, bien qu'avec tâtonnements justifiés par l'hostilité de l'environnement, son souci d'assurer également la régulation du fonctionnement des institutions.

Section III : La régulation de la vie politique en République Démocratique du Congo

S'il est un constat qui ne saurait souffrir d'exception crédible, c'est que l'histoire politique et constitutionnelle de la RDC renseigne un recours fréquent aux mécanismes extra institutionnels et extraconstitutionnels de régulation politique[291].

Les concertations, consultations, dialogues, conférences, coups d'Etats et fraudes ont parfois servi d'alibis pour résorber certaines crises politiques. Cependant, loin des solutions apparentes que ces mécanismes semblent apporter, ils n'offrent aucune garantie de pérennité et d'adhésion populaire tant elles sont des œuvres conjoncturelles et liées soit au charisme des acteurs en présence, soit à leur bonne volonté qu'ils ne sont pas toujours inclusifs encore moins légitimes.

Le recours aux offices du juge en général et du juge constitutionnel en particulier pour résorber des crises

---

[291] DJOLI eseng'EKELI J., *Droit constitutionnel l'expérience congolaise. Op. Cit.*, p. 42.

politiques est aussi bien rare qu'inexistant, et les rares fois que l'on recourt au juge, c'est juste par simple formalité pour faire état de l'épuisement de toutes les voies de recours juridiques afin de légitimer le recours aux moyens essentiellement politiques. Pour illustrer notre propos, nous pouvons évoquer le cas de l'accord dit du Saint sylvestre portant principalement sur la prorogation consensuelle de la date de la tenue des élections présidentielles, législatives et provinciales jusqu'au 30 décembre 2018, lequel fut signé le 31 décembre 2016, sous l'égide la CENCO, entre une partie de l'opposition congolaise et la majorité politique au pouvoir.

Cet accord pacifia tant soit peu la vie politique autant qu'elle la régula mieux que ne le fit l'arrêt de la Cour constitutionnelle du 17 octobre 2016, par lequel la Cour avait constaté les cas de force majeure devant justifier l'organisation des élections au-delà du délai constitutionnel[292], justifiant ainsi le dépassement de la durée du mandat du Président de la République en fonction en vertu du principe de la continuité de l'Etat consacré dans l'arrêt du 11 mai 2016[293].

Tout observateur averti devrait affirmer qu'il s'est agi là d'un cas flagrant de dépassement de la Cour par le jeu politique. Ceci explique pourquoi bien souvent à chaque blocage institutionnel ou face à tout risque de blocage institutionnel, les acteurs privilégient des conciliabules politiques plutôt que de se tourner vers le juge, quoi que peu crédible soit-il.

Cependant, il est des cas où le juge constitutionnel congolais a rendu des arrêts assurant la

---

[292] Cour const., Arrêt , R.Const. 0338 du 17 octobre 2016, *Requête de la Commission Electorale Nationale Indépendante, CENI en sigle, tendant à obtenir le report de la convocation et de l'organisation des scrutins prévus dans la décision N) 001/CENI/BUR/15 du 12 février 2015 portant publication du calendrier des élections provinciales, urbaines , municipales et locales 2015 et des élections présidentielle et législatives 2016*, inédit.

[293] Cour const., Arrêt R.Const. 262 du11 mai 2016, *JORDC*, n° spécial, 5 juillet 2016.

régulation de la vie politique et ceux-ci ont effectivement lubrifié les institutions.

On peut évoquer, à titre d'illustration, l'arrêt du 13 septembre 2006[294], décision dans laquelle la Cour suprême, sur demande de la CENI, constata l'impossibilité d'organiser le second tour du scrutin dans le délai constitutionnel de 5 jours après proclamation des résultats du premier tour, elle repoussa l'échéance de quelques plus de 45 jours et permis ainsi à la commission électorale de réunir toutes les conditions matérielles essentielles pour l'organisation du deuxième tour du scrutin.

Pour éviter au pays un vide institutionnel qui aurait été préjudiciable au fonctionnement des institutions de la République, dans son arrêt R. Const. 055/TSR du 27 août 2007, la CSJ avait une fois de plus usé de son pouvoir régulateur en permettant à la CEI de fonctionner jusqu'à l'installation effective de la CENI.

Après l'installation de la Cour constitutionnelle, c'est également à l'occasion du règlement d'un litige lié au processus électoral que le juge constitutionnel congolais s'est également et de nouveau inscrit sur la liste des juges régulateurs du fonctionnement des institutions.

Contrairement à d'autres fois où la Cour Suprême de Justice était timidement critiquée, l'évocation du pouvoir de régulation par la Cour constitutionnelle installée en 2011 est d'autant plus contestée qu'elle n'est prévue par aucune disposition constitutionnelle et a pour justification première l'audace, qui n'a d'égale que le risque pris par la Cour de s'attirer des foudres politiques et les critiques scientifiques parfois fondées.

Notons quand-même que la fonction de régulation de la vie politique par la Cour constitutionnelle congolaise est, comme en France, d'essence essentiellement jurisprudentielle et face à la modicité des arrêts rendus dans ce domaine jusqu'à ce jour, elle s'illustre comme notion en pleine construction et au contenu encore imprécis et contesté par une

---

[294] CSJ, Arrêt R. Const. 037/TSR du 13 septembre 2006,.

partie non pas moindre de l'opinion politique et scientifique congolaise.

Paragraphe I : La régulation en RDC. Une compétence jurisprudentielle

Le pouvoir de régulation est une compétence implicite. Le juge constitutionnel congolais, sans pourtant avoir la compétence constitutionnelle de régulation du fonctionnement des institutions et de l'activité des pouvoirs publics, l'a créé par jurisprudence et s'y est fondée pour examiner d'autres questions ultérieures.

La Cour constitutionnelle a clairement invoqué son pouvoir de régulation de la vie politique dans trois arrêts. Il s'agit des arrêts R. Const. 0089 du 8 septembre 2015, R. Const. 0338 du 17 octobre 2016 et R. Const. 1438 du 15 décembre 2020.

Dans le double souci de clarification et de systématisation et dans le but d'analyser et de comprendre le contexte et le raisonnement, il semble impérieux d'étudier chacun de ces arrêts séparément.

I. Consécration de la régulation dans l'arrêt R. Const. 0089/ 2015 du 8 septembre 2015

Cet arrêt fait suite à une requête de la CENI adressée à la Cour pour, principalement, interpréter l'article 10 de la loi de programmation n015/004 du 28 février 2015 déterminant les modalités d'installation des nouvelles provinces et 168 de la loi n06/06 du 09 mars 2006 portant organisation des élections présidentielle, législatives, provinciales, urbaines, municipales et locales, telle que modifiée par la loi n011/003 du 25 juin 2011 et la loi n015/001 du 15 février 2015 et subsidiairement avoir l'avis de la haute Cour sur la poursuite du processus électoral tel que planifié par la décision de la CENI n° 0001/CENI/BUR/15 du 12 février 2015 portant publication du calendrier des élections provinciales, urbaines, municipales et locales 2015 et des élections présidentielle et législatives 2016 relativement à l'organisation dans le délai des élections provinciales prévues, le 25 octobre 2015.

La CENI expose qu'en date du 28 février 2015, le Président de la République a promulgué la loi de programmation déterminant les modalités d'installation des nouvelles provinces.

Cette loi dispose qu'il doit être procédé impérativement à l'installation des organes définitifs de nouvelles provinces, dans les 120 jours qui suivent la mise en place des Commissions provinciales de découpage[295]. Les délais se répartissent comme suit :

Dans 15 jours à dater de l'entrée en vigueur de la loi, il doit être mis en place, sur décret du Premier ministre, les Commissions dans les anciennes provinces à découper, lesquelles doivent comporter des Sous-Commissions par nombre des nouvelles provinces à découper.

Ces Commissions disposent de 30 jours, pour présenter leurs rapports aux Assemblées des provinces à découper qui en prennent acte. Dans les 15 jours suivant cette prise d'acte, l'Assemblée provinciale de la nouvelle province se réunit de plein droit en session extraordinaire, dans le but de valider les pouvoirs des élus, d'élaborer et adopter le règlement intérieur, élire et installer le bureau définitif, élire le Gouverneur et son vice conforment à l'article 168 de la loi électorale.

Toute cette procédure ayant été tant bien que mal respectée, en date du 18 juillet 2015 le Ministre de l'intérieur et de la sécurité a notifié la CENI de l'effectivité de l'installation des nouvelles provinces.

Faisant suite à cette lettre, par sa décision du 23 juillet 2015 et en se conformant à l'article 168 de la loi électorale[296], la CENI a publié le calendrier électoral portant élection des Gouverneurs et Vice-gouverneurs des 21 nouvelles provinces.

---

[295] Article 10 de la loi de programmation n° 15/004 du 28 février 2015 déterminant les modalités d'installation des nouvelles provinces, *JORDC*, 56ième année, n° spécial du 5 mars 2015, p. 4.

[296] Qui stipule que l'élection du Gouverneur et du Vice-gouverneur de province a lieu, au plus tard, vingt et un jours après l'installation du bureau définitif de l'Assemblée provinciale.

Il s'est avéré que ce calendrier élaboré en conformité avec la loi électorale, ne cadrait pas du tout avec certains délais fixés par la loi de programmation.

La commission électorale demandait donc, à titre principal, à la Cour d'interpréter l'article 10 de la loi de programmation et à titre subsidiaire de donner son avis sur la suite du processus électoral, étant donné que la CENI était confrontée à des contraintes techniques, financières, logistiques et opérationnelles ne lui permettant pas de respecter les dates prévues.

La commission électorale estime qu'elle a qualité de saisir la Cour en vertu de des articles 162.2 de la Constitution et 48 de loi portant organisation et fonctionnement de la Cour constitutionnelle qui disposent que toute personne peut saisir la Cour constitutionnelle pour inconstitutionnalité de tout acte législatif ou règlementaire.

Quant à la compétence de la Cour, elle estime qu'en vertu de l'article 81 de la loi sur la Cour, celle-ci connait des recours relatifs à la régularité des processus électoraux et référendaires.

La CENI demande donc à la Cour de lui indiquer comment peut-elle à arriver à concilier ces deux délais, étant donné que la suite des activités à mener tend inévitablement à violer l'article 10 de la loi de programmation ? Et quel est son avis sur la suite du processus électoral au regard des plusieurs contraintes auxquelles elle fait face ?

Dans la motivation de son arrêt, le juge constitutionnel relève, en premier lieu, que l'absence des bureaux définitifs au sein de nouvelles Assemblées provinciales ne permet pas d'organiser l'élection des exécutifs provinciaux dans les délais fixés par la loi de programmation et autorise à la CENI de réadapter son calendrier en tenant compte de ce cas de force majeure irrésistible et insurmontable[297].

---

[297] Cour Const., Arrêt R.Const.0089/2015 du 8 septembre 2015, *Requête de la Commission électorale Nationale Indépendante en interprétation des articles 10 de la de programmation no15/004 du 28 février 2015 déterminant les modalités d'installation de nouvelles provinces et 168 de la loi no06/006 du 09 mars 2006 portant*

Elle excipe, par contre, son incompétence à connaitre de l'interprétation des dispositions légales et précise qu'elle ne statue pas par voie d'avis sinon par celle d'arrêt[298].

Cependant, la Cour affirme, sans évocation, qu'en vertu de son pouvoir de régulation de la vie politique, du fonctionnement des institutions et des activités des pouvoirs publics elle est compétente pour statuer par voie d'arrêt sur la suite du processus électoral.

Par conséquent, dans le souci de faire cesser l'anarchie et les désordres dans les nouvelles provinces et de permettre au pouvoir central de restaurer l'autorité de l'Etat, la Cour constate notamment le dépassement du délai de 120 jours fixé par la loi de programmation, ordonne à la CENI d'évaluer en toute indépendance et impartialité le processus électoral, ordonne au Gouvernement de prendre des dispositions exceptionnelles pour faire régner l'ordre public et la continuité des services publics, en attendant l'élection des Gouverneurs et leurs adjoints, enjoint au Gouvernement d'accélérer le processus d'installation des bureaux définitifs et de donner les moyens à la CENI.

Cet arrêt a suscité plusieurs critiques, et cela a été d'autant plus exacerbant pour les pourfendeurs de la Cour qu'il a, dans la suite logique des évènements, justifié un autre, l'arrêt R. Const. 00338, autorisant le report des scrutins présidentiel, législatifs nationaux et provinciaux.

Cette logique de report des scrutins est la même qui a prévalu à l'occasion du prononcé de l'arrêt 0338.

II. La régulation dans l'arrêt R. Const. 0338 du 17 octobre 2016

Cet arrêt fait suite à une requête introduite par la CENI tendant à obtenir le report des scrutins présidentiel,

---

organisation des élections présidentielle, législatives, provinciales, urbaines, municipales et locales, telle que modifiée par la loi no11/003 du 25 juin 2011 et la loi no15/001 du 15 février 2015, neuvième feuillet.

[298] *Idem.*

législatifs nationaux et provinciaux qui devaient se tenir en 2016.

Ce report était justifié, d'une part, par les nécessités de refonte du fichier électoral et d'autre part, par un certain nombre des défis auxquels la commission électorale faisait face.

En effet, la CENI soutient que se soumettant à l'arrêt R. Const. 0089 de la Cour constitutionnelle, elle a organisé les élections des Gouverneurs et Vice-gouverneurs et a procédé à l'évaluation du fichier électoral, cette évaluation a renseigné que le fichier électoral était impropre, infecté, corrompu et ne faisait pas unanimité au sein de la classe politique. Il fallait donc la refonte du fichier pour la mise en place d'un fichier fiabilisé, en tenant compte du découpage territorial intervenu entre-temps, pour uniformiser les cartes d'électeurs, intégrer les nouveaux majeurs, supprimer les doublons et les personnes décédées, résoudre le problème des personnes omises mais détenant les cartes d'électeur, remédier au problème de vol des kits électoraux à l'Est du pays, tenir compte des déplacés, intégrer les congolais vivant à l'étranger, réintégrer les congolais ayant recouvré le droit de vote et élaguer ceux l'ayant perdu en œuvrant dans l'armée.

Par ailleurs, à en croire la CENI, elle était confrontée à un certain nombre des défis dont premièrement la révision de la loi électorale pour ressortir le quotient électoral, à partir du nombre d'électeurs plutôt que par celui du nombre d'habitants. Deuxièmement, elle était confrontée aux difficultés de déploiement des kits électoraux. Troisièmement, elle faisait face au défi sécuritaire dans certains coins de la République. Quatrièmement enfin, elle était confrontée au défi financier résultant du retard dans le décaissement des moyens adéquats par le Gouvernement, pour l'organisation des élections ; retard que le Gouvernement a justifié par les difficultés de trésorerie[299].

---

[299] Cour const., Arrêt R.Const. 0338 du 17 octobre 2016, *Op. Cit.*

Pour soutenir sa requête, la CENI avance cinq moyens :

Premièrement, elle soutient qu'il y a risque de manque d'inclusivité si l'élection est organisée en 2016, d'autant qu'il y a des changements démographiques intervenus et dont elle doit impérativement tenir compte, dans un nouveau fichier électoral. Malheureusement, ces changements ne peuvent pas être intégrés dans le fichier dans la durée restante jusqu'à la convocation du scrutin au mois de décembre 2016. Outre cela, certains défis légal, logistiques, sécuritaire et financier rendent impossible l'organisation des élections en 2016.

Deuxièmement, elle relève qu'il existe une imprévision juridique devant l'impossibilité d'organiser les élections dans le délai. La Cour constitutionnelle qu'elle qualifie de constituant dérivé peut, en tant que régulateur de la vie politique, compléter la constitution devant l'urgence et la gravité. Elle peut en outre, corriger la loi ou la constitution devant l'inadéquation entre celles-ci et la réalité politique.

Troisièmement, elle soutient qu'une élection conforme à l'esprit de l'article 5 de la Constitution qui considère le peuple comme seul détenteur du pouvoir ne peut être organisée que dans un processus crédible, inclusif avec des listes fiables. Or, tous les rapports d'expertise renseignent que les listes électorales en possession n'étaient fiables, il fallait donc une refonte du fichier électoral.

Quatrièmement, les délais fixés dans le calendrier électoral ne pouvaient pas permettre d'inclure également les congolais vivant à l'étranger pour se conformer aux prescrits de l'article 5 alinéa 2 de loi électorale de 2006 telle que révisée en 2015.

Et cinquièmement enfin, elle se retrouvait dans la difficulté de répartir les électeurs suivant la nouvelle reconfiguration de la RDC, après le découpage territorial. Il fallait donc actualiser le fichier électoral.

Il apparait donc clairement qu'à quelques mois de la date des scrutins, la CENI affirme être dans l'impossibilité d'organiser les élections et sollicite de la Cour, régulateur de la vie politique, le report pour lui permettre de finaliser toutes les opérations juridiques et matérielles indispensables aux votes.

Dès l'entame de sa motivation, la Cour relève qu'en vertu des articles 158 de la Constitution et 2 de la loi organique n°13/026 du 15 octobre 2013 portant organisation et fonctionnement de la Cour constitutionnelle, le quorum pour siéger est de 9 juges. Cependant, suivant les articles 90 de la loi organique précitée et 30 du règlement intérieur de la Cour, en cas d'empêchement temporaire de deux d'entre eux ou plus dûment constaté par les autres membres, la composition peut siéger à 7 juges.

Malheureusement, pour l'examen de cette cause, la Cour relève qu'en dehors d'un membre qui suivait les soins de santé en Europe, il y a trois autres présents à Kinshasa qui, sans fournir des raisons, se sont abstenus de se présenter pour siéger avec les autres.

Ainsi, tenant compte de l'importance de la cause sous examen pour la vie de la nation, et faisant application du principe *salus populi suprema lex esto*, qui traduit la loi de la nécessité, 5 juges ont siégé pour statuer sur cette affaire.

Pour justifier de sa compétence, la Cour relève qu'en vertu des dispositions des articles 161 alinéa 1 de la Constitution et 81 de la loi sur la Cour, elle est juge électoral.

De même, en vertu de l'article 149 de la Constitution, elle est protectrice des droits et libertés fondamentaux parmi lesquels figure celui d'être électeur et éligible.

En sa qualité de gardienne des droits et libertés des citoyens et régulateur de la vie politique, elle ne peut aucunement priver les congolais de leur droit reconnu à l'article 5 de la Constitution.

Elle soutient qu'elle est aussi juge de la régularité du processus des élections présidentielle et législatives au niveau national et du referendum, voilà pourquoi elle contrôle le processus ex ante pour s'assurer de sa régularité.

Quant au fond de la cause, la Cour déclare recevables et fondés tous les moyens soulevés par la CENI.

Elle constate l'impossibilité d'organiser les élections en 2016 suivant le calendrier électoral, et autorise ainsi donc la CENI de refondre le calendrier électoral et d'en élaborer un nouveau aménagé, dans un délai objectif et raisonnable exigé par les opérations techniques de refonte du fichier électoral afin de s'assurer de la régularité des scrutins prévus.

La Cour constitutionnelle évoque son pouvoir de régulation de la vie politique pour réguler le processus électoral et pour assurer la lubrification des institutions, tel a été le cas dans l'arrêt R. Const. 1438.

III. La régulation dans l'arrêt R. Const. 1438 du 15 décembre 2020

Cet arrêt a été rendu, à la suite de la saisine du bureau d'âge de l'Assemblée Nationale.

En effet, à la faveur des changements politiques intervenus au lendemain de la rupture de la coalition politique FCC-CACH, il a été introduit, en date du 10 décembre 2020, une pétition à charge des membres du bureau de l'Assemblée nationale, pour faute grave et incompétence constatée par la plénière.

Ainsi, il a été mis en place un bureau composé d'un Président, le doyen d'âge et deux Secrétaires qui sont les deux députés les moins âgées.

Après plusieurs coups de force, le bureau d'âge a enfin présidé la séance plénière ayant abouti à la déchéance de tous les membres du bureau définitif outre le Rapporteur-adjoint absent de la séance, pour raisons de santé.

Cette situation a rendu impossible l'élection du nouveau bureau, alors que la clôture de la session devait intervenir, le 15 décembre 2020, conformément à l'article 115 de la Constitution.

La clôture de la session, intervenue le 15 décembre 2020, mettait le bureau d'âge dans l'impossibilité de continuer à gérer l'institution tant ni la Constitution, ni les lois ou le règlement intérieur de l'Assemblée nationale ne prévoient une solution en pareilles circonstances.

Fallait-il laisser le bureau déchu assurer la gestion des affaires courantes ou bien habiliter le bureau d'âge à cet effet ?

L'Assemblée Nationale, par le biais de son Président d'âge, estime que la Cour constitutionnelle est compétente en vertu de son pouvoir implicite de régulation de la vie politique devant les questions dont le manque d'issues pourrait occasionner le blocage institutionnel ou le chaos.

Elle estime en outre, qu'il faut habiliter le bureau d'âge à poursuivre et finaliser l'examen des pétitions au cours d'une session extraordinaire et à gérer les affaires courantes en vertu principe administratif de continuité des services publics.

Dès lors, la question posée au juge est celle de savoir si le bureau d'âge peut poursuivre sa mission au cours d'une session extraordinaire et si elle peut gérer les affaires courantes.

La Cour constitutionnelle commence par relever son incompétence à statuer sur la question en rappelant que sa compétence est bien limitée dans les prescrits des articles 160 et 162 de la Constitution, 42 et 43 de la loi portant organisation et fonctionnement de la Cour et 54 et 59 de son règlement intérieur.

Et qu'en outre, au nom de la poursuite de l'idéal de l'Etat de droit, elle statue sur l'inconstitutionnalité des actes d'assemblée, pour autant que ceux-ci échappent au contrôle de tous autres juges et qu'ils violent les droits et libertés garantis par la Constitution.

Cependant, elle note qu'elle peut statuer sur le litige lui soumis en vertu de son pouvoir régulateur, lequel lui permet de trancher des litiges de nature à paralyser le fonctionnement régulier des institutions et des services publics quand la solution n'est pas donnée en droit positif[300].

---

[300] Cour const., Arrêt R. Const. 1438 du 19 décembre 2020, *Requête de l'Assemblée Nationale tendant à obtenir habilitation de son bureau*

Par conséquent, elle déclare la requête recevable, autorise le bureau d'âge à continuer et à finaliser sa mission et à gérer les affaires courantes. Bien plus, l'évoquant dans sa motivation sans le faire figurer dans le dispositif de l'arrêt, la Cour autorise le bureau d'âge à assurer le contrôle parlementaire en vertu de l'article 100 de la Constitution.

Comme pouvait bien s'y attendre tout observateur averti, les décisions rendues par la Cour constitutionnelle dans lesquelles elle a clairement recouru à son pouvoir régulateur de la vie politique ont été tellement critiquées que leur portée réelle a quelle que fois été dénaturée après avoir été soumise à l'épreuve des analyses politiques et politiciennes.

Paragraphe II : La régulation de la vie politique en RDC : Une notion contestée et encore en pleine construction

Plusieurs et opposés furent des avis aussi bien des juristes que des politiciens au prononcé des arrêts de la Cour constitutionnelle lui reconnaissant le pouvoir de régulation de la vie politique, entre partisans de l'interprétation extensive et de l'interprétation restrictive des compétences de la Cour constitutionnelle, les violons se s'accordent guère.

Certains juristes estiment qu'en évoquant la régulation de la vie politique pour justifier sa compétence, la Cour constitutionnelle a usurpé les compétences normalement reconnues au Président de la République et d'autres voient en la régulation une notion imprécise.

I. Usurpation des compétences du Président de la République

Pour certains juristes, en recourant à la régulation de la vie politique, la Cour n'a fait qu'usurper des compétences normalement dévolues au Président de la

---

d'âge à finaliser le processus d'examen de la pétition contre un membre du bureau conformément à l'article 31 du Règlement intérieur et à assurer la gestion courante jusqu'à la mise en place d'un bureau définitif, sixième feuillet, *JORDC*, 61ième année, n° spécial du 21 décembre 2020.

République[301] qui, suivant les prescrits de l'article 69 alinéa 3 de la Constitution du 18 février 2006, assure, par son arbitrage, le fonctionnement régulier des pouvoirs publics et des Institutions ainsi que la continuité de l'Etat.

La Cour a donc invoqué une compétence qui ne lui est pas reconnue expressément par la Constitution, alors même que les compétences sont d'attribution.

Au regard des dispositions pertinentes de la Constitution et de la loi portant organisation et fonctionnement de la Cour constitutionnelle, il n'est nullement question de reconnaitre de façon expresse, encore moins de façon implicite un quelconque pouvoir régulateur de la vie politique au juge constitutionnel congolais, si ce n'est au Président de la République.

La Constitution congolaise du 18 février 2006, grandement mimée de la Constitution française[302] du 4 octobre 1958, reproduit à son article 69 les prescrits de l'article 5 de la Constitution française suivant lequel le Président de la République veille au respect de la Constitution. Il assure, par son arbitrage, le fonctionnement régulier des pouvoirs publics ainsi que la continuité de l'État.

Or, en France, le Conseil constitutionnel, après avoir donné à sa mission une définition plus générale que celle,

---

[301] YATALA SOMWE C., « Commentaire de l'arrêt de la Cour Constitutionnelle du 08 septembre 2015 R. Const.0089/2015 », *http// : www.constitution-en-afrique.org.* (Consulté le 26 janvier 2021). BOLA F., « L'interprétation de l'article 70 de la Constitution, faut-il craindre la Cour constitutionnelle ? », http://www.editions-harmattan.fr/auteur/article_pop.asp?no=3165&no_artiste=10190. (Consulté le 21 janvier 2021). LUMU MBAYA S., « Justice électorale en RDC : La Cour constitutionnelle s'arroge un étrange *« pouvoir de régulation »* de la vie politique et décide *ultra petita.* Commentaires de l'arrêt sous R.Const. 0089/2015 ». *http://www.recef.org*. (Consulté le 26 janvier 2021).

[302] POLLET-PANOUSSIS D., *Op. Cit.*

jadis, consacrée au titre VII de la Constitution[303] en se prévalant du pouvoir régulateur, il s'est rétracté après avoir essuyé plusieurs critiques doctrinales et parlementaires[304].

Le juge constitutionnel congolais protecteur des droits et libertés fondamentaux ne devraient aucunement s'auto-attribuer une compétence reconnue à une autre institution, en faisant cela la Cour a violé la constitution[305].

Par ailleurs, certains auteurs estiment que la Cour ne saurait s'inspirer des autres juridictions constitutionnelles sur le continent dont le pouvoir de régulation est clairement défini soit dans la Constitution, soit dans la loi.

Il en est ainsi par exemple du Bénin, où la Cour constitutionnelle est régulatrice de la vie politique en vertu de l'article 114 de la Constitution.

Cependant, nous estimons que même si elle n'a pas été expressément prévue dans la constitution ou la loi portant organisation et fonctionnement de la Cour constitutionnelle, la régulation est une compétence implicite au profit du juge constitutionnel congolais, qui est tenu de contribuer à la construction de l'Etat de droit consacré à l'article 1 alinéa 1er de la Constitution du 18 février 2006.

Cet Etat de droit est un idéal dont l'atteinte dépend également en grande partie de l'œuvre de la Cour constitutionnelle qui, au-delà d'assurer le contrôle de constitutionnalité et la protection des droits et libertés fondamentaux des citoyens, a aussi pour mission de pacifier la vie politique en la régulant pour permettre l'instauration de l'Etat de droit.

Par ailleurs, à la question de savoir si la régulation de la vie politique constitue une usurpation des compétences du Président de la République, nous estimons qu'il n'en est pas le cas, il faudrait plutôt concilier cette compétence avec les attributions du Président de la République découlant de

---

303 GALA P. *et alii*, *Les grandes décisions du Conseil constitutionnel* Paris, 17e éd. Dalloz, 2013, p. 150.

304 ROUSSEAU D. *et alii*, Droit du contentieux constitutionnel. *Op. Cit.*, p. 156.

305 BOLA F., *Op. Cit.*

l'article 69 pour éviter, selon les mots de Delphine Adouki, la concurrence présidentielle[306].

Le Président assure par son arbitrage, le fonctionnement régulier des institutions en ce qu'il use du prestige et des prérogatives de sa fonction. Cependant, cette compétence est non seulement indéfinie, mais aussi pourrait se buter à d'énormes difficultés si le Président est lui-même acteur et auteur des crises qui bloquent le fonctionnement des institutions et pouvoirs dont il doit assurer le bon fonctionnement par son arbitrage. Il y a nécessité et justification de recourir à une tierce-institution qui assure une régulation juridique et dont les décisions sont coulées en droit.

Par ailleurs, même si la régulation avait été clairement prévue, elle ne serait pas malheureusement à l'abri des critiques, d'autant plus que même au Bénin où la Cour tire ce pouvoir de la Constitution, elle est sous de vives critiques des juristes et acteurs politiques qui menacent de réduire ses compétences afin de minimiser son influence sur le jeu politique.

Bien plus, même lorsqu'elle assure le contrôle de constitutionnalité, la Cour est toujours critiquée selon que l'on est de l'opposition ou de la majorité au pouvoir, les critiques formulées ne sont pas malheureusement neutres.

Ce qui pousse certains à affirmer que la régulation est en droit congolais une notion vague et floue.

II. La régulation est une notion vague est floue

A en croire YATALA SOMWE, en évoquant son pouvoir régulateur, sans le définir ni fixer les conditions pour y recourir, la Cour est restée dans un flou constitutionnel grave et inadmissible de la part d'une juridiction de son rang[307].

Un autre auteur estime que cette évocation est une erreur d'autant qu'elle est invoquée par la Cour ex nihilo pour contourner le respect et l'application stricte de la

---

306 ADOUKI D. E., *Op. Cit.*, p. 630.

307 YATALA SOMWE C., *Op. Cit.*

Constitution dont elle a la charge d'assurer la primauté effective, conformément aux articles 160 et 162 de la Constitution[308]. De ce point de vue l'arrêt de la Cour est un précédent fâcheux car il tente d'introduire voire de cristalliser une notion aux contours incertains, susceptible de faire l'objet d'une application à géométrie variable[309].

En RDC, la régulation fait juste craindre que la Cour constitutionnelle se retrouvant inféodée au pouvoir politique ne puisse user de cette redoutable prérogative pour cautionner certaines incongruités en faveur du pouvoir politique. Cela est tout à fait normal, surtout que le contexte dans lequel la Cour a invoqué ce pouvoir était très suspicieux.

Conclusion

Bien que soient fondées certaines critiques formulées contre la Cour et justifiées la réticence face à l'invocation du pouvoir de régulation de la vie politique, cela ne suffit pas malheureusement à faire discréditer aussi bien l'œuvre de la Cour accomplie dans ce cadre que la pertinence du recours à la régulation de la vie politique, dans un pays aux incertitudes politiques comme le nôtre.

En outre, bien que ces arrêts eussent été rendus, pour la plus part, dans un contexte politique mouvementé et de suspicion mutuelle entre acteurs politiques, nous estimons que l'œuvre de la Cour dans ce domaine a été plus salutaire et ne viole aucune disposition constitutionnelle d'autant qu'il lui incombe de définir et de donner un contenu à ses compétences telles que définies par la Constitution, la Constitution n'étant pas toujours ce qui est écrit, mais ce qu'en dit le juge, en l'occurrence, le juge constitutionnelle.

Par ailleurs, au nom de la juridicisation de la vie politique, la Cour ne pouvait pas laisser passer cette occasion en or pour assurer la soumission du jeu politique au droit de soumettre le jeux politique au droit en le régulant, dans

---

[308] BOLA F., *Op. Cit.*

[309] LUMU S., *Op. cit.*

le but de construire l'Etat de droit et d'assurer la protection des droits et libertés fondamentaux des citoyens.

En outre, dans un Etat post conflit comme la RDC où la stabilité des institutions n'est jamais acquise et parfois le Président de la République est soit acteur de la crise ou partie prenante à la crise. N'a-t-il pas alors paru judicieux pour la Cour de définir aussi largement ses compétences pour lui permettre d'intervenir ultérieurement s'il y a péril en la demeure ? D'ailleurs, pourquoi ne devrait-on pas encourager le retour en force d'une justice qui a été accusée de passivité hier face aux conflits politiques ?

Cependant, les arrêts rendus dans ce cadre sont encore à compter au bout des doigts, donc insuffisants pour nous permettre de déterminer les contours de la régulation telle qu'entendue par le juge constitutionnel congolais, et surtout de découvrir avec exactitude les conditions juridiques du recours à cette compétence.

Conclusion générale

Après ce long tour d'horizon, il est apparu évident que dans son organisation, la justice constitutionnelle dans le monde est appelée, de nos jours, à accomplir trois principales missions qui forment la trilogie constituée de : la suprématie de la constitution – protection des droits et libertés fondamentaux – régulation de la vie politique.

La suprématie de la Constitution est sans doute la première mission de la justice constitutionnelle car celle-ci justifie son existence autant qu'elle a donné lieu à sa naissance. Cette mission s'est assurément accrue à la faveur de deux éléments de portée générale. D'une part, l'importance de plus en plus grandissante que prend la constitution dans l'organisation des Etats modernes et la prolifération de la doctrine du constitutionnalisme, qui place la constitution au sommet de la hiérarchie des normes et exige que soient prévus des mécanismes de garantie de sa supériorité. D'autre part, conçue comme garantie efficace de la suprématie constitutionnelle, la justice constitutionnelle a gagné du terrain après la seconde guerre mondiale, si bien qu'actuellement, elle est de plus en plus convoitée pour assurer le respect des prescrits constitutionnels. La donne est même perçue comme une exigence de la contemporanéité et de la fréquentabilité des Etats.

La RDC et le Bénin, dans la logique du mimétisme constitutionnel propre aux Etats de locution française d'Afrique noire se sont inspirée de la France pour assurer la mise en place d'une justice constitutionnelle chargée d'assurer le contrôle de constitutionnalité, par des mécanismes variés qui se sont avérés être beaucoup plus poussés et efficaces que ceux de la France avant l'introduction, en 2008, de la QPC.

Ainsi, les annales de la jurisprudence des juridictions constitutionnelles de ces trois Etats offrent une panoplie des décisions aussi diverses que variées portant sur le contrôle de constitutionalité.

A cette mission première s'attache l'autre aussi importante que nécessaire qui porte sur la protection des droits et libertés fondamentaux des citoyens.

En effet, étant donné que les constitutions comportent des plus en plus des dispositions protectrices des droits et libertés des citoyens, il est tout à fait logique que les juridictions constitutionnelles des trois Etats sous étude se soient illustrées par la prise de certaines décisions souvent révolutionnaires, innovantes et audacieuses tendant à protéger les droits et libertés des citoyens face aux attitudes liberticides des autorités gouvernementales et les excès du pouvoir législatif[310].

Le contrôle de constitutionnalité et la protection des droits et libertés des citoyens sont beaucoup approuvés et appréciés que ne l'est la régulation de la vie politique.

Si la régulation a une assise constitutionnelle au Bénin, elle est tout de même beaucoup critiquée autant qu'elle contestée en France, en RDC où elle est une œuvre jurisprudentielle que certains auteurs qualifient de juridiquement imprécise et cristallisant un excès de pouvoir dans le chef des juridictions constitutionnelles qui y recourent.

Qu'à cela ne tienne, celle-ci est tout de même rendue nécessaire par le besoin d'assurer la stabilité de l'ordre constitutionnel et de résorber des crises politiques graves qui menacent souvent le fonctionnement régulier des institutions.

Somme toute, la justice constitutionnelle a encore de beaux jours devant elle dans les trois Etats sous étude parce qu'à travers ses missions, elle participe inévitablement à la consolidation de l'Etat de droit et de la démocratie et elle contribue à assurer la suprématie de la Constitution et partant à véhiculer le constitutionnalisme.

Cependant, certaines préoccupations demeurent, notamment celles liées à sa crédibilité au regard des

---

[310] VEDEL G., « Excès de pouvoir administratif et excès de pouvoir législatif II », *Cahiers du Conseil constitutionnel*, n⁰ 2, Mai 1997.

modes de désignation des membres des juridictions constitutionnelles fortement politisés et la légitimité de ces juridictions dans un contexte marqué par la remise en cause récurrente de certaines décisions constitutionnelles par les acteurs politiques.

Nonobstant les critiques, parfois acerbes adressées contre l'institution, l'actualité et pertinence de l'existence de la justice constitutionnelle dans les trois pays sous examen ne sont plus à démontrer et méritent de bénéficier d'une attention particulière tant des acteurs institutionnels que citoyens.

Bibliographie

I. Documents officiels

A. Textes constitutionnels

1. Constitution de la République Démocratique du Congo du 18 février 2006 telle que modifiée et complétée par la loi n° 11/002 du 20 janvier 2011 portant révision de certains articles de la Constitution de la République Démocratique du Congo du 18 février 2006, *Journal Officiel de la République Démocratique du Congo*, 52ième, numéro spécial du 5 février 2011.
2. Loi n°1990-32 du 11 décembre 1990 portant Constitution de la République du Bénin, telle que modifiée par la loi n° 2019-40 du 07 novembre 2019 portant révision de la loi n°90-32 du 11 décembre 1990 portant Constitution de la République du Bénin.
3. Constitution de la République Démocratique du Congo du 1er aout 1964, *Moniteur Congolais*, n° spécial, 1er Aout 1964.
4. Loi fondamentale du 19 Mai 1960 relative aux structures du Congo, *Moniteur Congolais*, n° 21 bis, 27 mai 1960.
5. Constitution française du 4 octobre 1954, telle que modifiée et complétée à ces jours.

B. Textes légaux

1. Loi de programmation n° 15/004 du 28 février 2015 déterminant les modalités d'installation des nouvelles provinces, Journal *Officiel de la République Démocratique du Congo*, 56ième année, n° spécial du 5 mars 2015.
2. Loi organique n° 13/026 du 15 octobre 2013 portant organisation et fonctionnement de la Cour constitutionnelle de la République Démocratique du Congo.
3. Loi n° 91-009 du 4 mars 1991 portant loi organique sur la Cour constitutionnelle du Bénin, modifiée par la loi du 17 juin 1997.

C. Textes règlementaires

1. Règlement intérieur de la Cour constitutionnelle de la République Démocratique du Congo, *Journal officiel de la République Démocratique du Congo*, 59ème année, n° spécial du 16 novembre 2018.
2. Règlement intérieur sur la procédure suivie devant le Conseil constitutionnel pour les questions prioritaires de constitutionnalité, *Journal officiel,* 18 février 2010.
3. Décret n° 94-11 du 26 janvier 1994 portant obligation des membres de la Cour constitutionnelle.
4. Règlement intérieur de la Cour constitutionnelle du Bénin, du 5 juillet 1993.
5. Décret n° 59-1293 du 13 novembre 1959 relatif à l'organisation du secrétariat général du Conseil constitutionnel, *Journal officiel,* 15 novembre 1959.
6. Ordonnance n° 58-1067 du 7 novembre 1958 portant loi organique sur le Conseil constitutionnel, *Journal officiel,* 9 novembre 1958.

D. Décisions de justice

1. Bénin

a. Cour const., décision DCC14-156 du 19 aout 2014.
b. Cour const., décision 13-071 du 11 juillet 2013.

c. Cour const., décision EL 11-024 du 4 mars 2011.
d. Cour const., décision DCC 09-002 du 8 janvier 2009.
e. Cour const., décision DCC 06-074 du 08 juillet 2006.
f. Cour const., décision EL-P 06-019 du 16 mars 2006
g. Cour const., décision DCC 03-078 du 12 mai 2003.
h. Cour const., décision DCC 03-077 du 07 mai 2003.
i. Cour const., décision EL-P 01-051 du 16 mars 2001.
j. Cour const., décision DCC 96 O17 du 5 Avril 1996.
k. Cour const., décision 95-129 du 17 août 1995.
l. Cour const., décision EL 95-092 du 19 mai 1995.
m. Cour const., décision DCC 34-94 du 23 décembre 1994.

2. France
a. Conseil const., décision n° 2016-135 ORGA du 8 septembre 2016.
b. Conseil const., décision n° 2003-469 DC du 26 mars 2003.
c. Conseil const., décision n° 2003-484 DC du 20 décembre 2003.
d. Conseil const., décision n° 94-343/344 DC du 27 juillet 1994.
e. Conseil const., décision n° 92-312 DC du 2 septembre 1992.
f. Conseil const., décision n° 79-104 DC du 23 mai 1979.
g. Conseil const., décision n° 79-105 DC du 25 juillet 1979.
h. Conseil const., décision n° 76-75 DC du 12 janvier 1977.
i. Conseil const., décision n° 76-70 DC du 02 décembre 1976.
j. Conseil const., décision n° 71-44 DC du 16 juillet 1971.
k. Conseil const., décision n° 62-20 DC du 6 novembre 1962
l. Conseil const., décision n°61-20 DC, 6 novembre 1962.
m. Conseil const., décision n° 60-8 DC, 11 août 1960.

3. République Démocratique du Congo

a. Cour const., Arrêt R. Const. 1438 du 19 décembre 2020, *Requête de l'Assemblée Nationale tendant à obtenir habilitation de son bureau d'âge à finaliser le processus d'examen de la pétition contre un membre du bureau conformément à l'article 31 du Règlement intérieur et à assurer la gestion courante jusqu'à la mise en place d'un bureau définitif*, *JORDC*, 61ème année, numéro spécial du 21 décembre 2020.

b. Cour const., Arrêt R. Const. 356 du 10 mars 2017, *Requête en inconstitutionnalité de la motion de défiance adoptée par l'Assemblée provinciale de la Tshuapa.*

c. Cour const., 17 octobre 2016, R. Const. 0338, *Requête de la Commission Electorale Nationale Indépendante, CENI en sigle, tendant à obtenir le report de la convocation et de l'organisation des scrutins prévus dans la décision n° 001/CENI/BUR/15 du 12 février 2015 portant publication du calendrier des élections provinciales, urbaines, municipales et locales 2015 et des élections présidentielle et législatives 2016.*

d. Cour const., Arrêt R. Const. 262 du 11 mai 2016, *Recours de Emmanuel Ramazani Shadary et Consorts en interprétation de l'article 70 de la Constitution du 18 février 2006 telle que modifiée par la Loi n° 11/002 du 20 janvier 2011 en relation avec les articles 75, 76, 103, 105 et 197 de la même Constitution, JORDC*, numéro spécial du 5 juillet 2016.

e. Cour const., Arrêt R. Const. 038 du 20 août 2015, *Requête en inconstitutionnalité de la décision de la plénière du Sénat du 03 juin 2015.*

f. Cour const., Arrêt R.Const.0089/2015 du 8 septembre 2015, *Requête de la Commission électorale Nationale Indépendante en interprétation des articles 10 de la de programmation no15/004 du 28 février 2015 déterminant les modalités d'installation de nouvelles provinces et 168 de la loi no06/006 du 09 mars 2006 portant organisation des élections présidentielle, législatives, provinciales, urbaines, municipales et locales, telle que modifiée par la loi no11/003 du 25 juin 2011 et la loi no15/001 du 15 février 2015.*

g. CSJ, Arrêt R. Const. 037/TSR du 13 septembre 2006.

II. Ouvrages

1. BADET G., *Les attributions originales de la Cour constitutionnelle du Bénin*, Cotonou, FES-BENIN, 2013.
2. BREILLAT V. D., *Libertés publiques et droit de la personne humaine*, Paris, Gualino, 2003.
3. BOTAKILE BATANGA, *Précis du contentieux administratif congolais*, tomme II, 1ere édition, Louvain-la-Neuve, Academia-L'Harmattan, 2018.
4. CARPANO E., *Etat de droit et droits européens*, Paris, l'Harmattan, 2005.
5. DJOLI ESENG'EKELI J., *Droit constitutionnel congolais l'expérience congolaise (RDC)*, Paris, L'Harmattan, 2013.
6. DJOLI ESENG'EKELI J., *Droit constitutionnel*, Kinshasa, DJES, 2015.
7. DRAGO G., *Contentieux constitutionnel français*, 2ième édition, Paris, PUF, 2006.
8. EINSENMANN (E.), *La justice constitutionnelle et la Haute cour constitutionnelle d'Autriche*, nouvelle édition, Aix-Marseille, PUAM, Paris, Economica, 1986.
9. ESAMBO KANGASHE J-L., *Traité de droit constitutionnel congolais*, Paris, l'Harmattan, 2017.

10. FAVOREU (L). *et alii*, *Droit Constitutionnel*, 21ième édition, Paris, Dalloz, 2019.
11. FROMONT (M.), *La justice constitutionnelle dans le monde*, Coll. Connaissances du droit, Droit public, Paris Dalloz, 1996.
12. GALA P. et alii, *Les grandes décisions du Conseil constitutionnel*, Paris, 17e éd. Dalloz, 2013.
13. GICQUEL (J)., *Droit constitutionnel et Institutions politiques*, 12ième édition, Paris, Monchresien, 1993.
14. HAMILTON (A)., MADISON J., JAY J., *Le fédéraliste*, Paris, Nouveaux horizons, 1954.
15. HAMON F. et TROPER M., *Droit constitutionnel*, 35ième édition, Parsi, LGDJ, 2004.
16. KAMUKUNY MUKINAY A., *Le droit constitutionnel congolais*, Kinshasa, E.U.A, 2011.
17. LOADA A. et IBRIGA L.-M., *Droit constitutionnel et institutions politiques*, Collection Précis de droit burkinabè, PADEG, Mars 2007.
18. MATTHIEU G. et VERPEAUX M., *Contentieux constitutionnel des droits fondamentaux*, Paris, 2002.
19. MABANGA M. G., *Le principe de la continuité de l'Etat : issue de secours à la prohibition du troisième mandat ? Analyse critique de l'Arrêt de la Cour constitutionnelle congolaise du 11 mai 2016*, Paris, l'Harmattan, 2016.
20. MBORANTSUO M.M., *La contribution des cours constitutionnelles à l'Etat de droit en Afrique*, Paris, Economica, 2007.
21. MPONGO BOKAKO E., *Institutions politiques et droit constitutionnel*, Kinshasa, EUA, 2001.
22. MONTESQUIEU, *De l'esprit des lois* (1748), Paris, Gallimard, 2012.
23. NTUMBA LUABA-LUMU, *Droit constitutionnel général*, E.U.A, Kinshasa, 2005.

24. ODIMULA LOFUNGUSO L., *La justice constitutionnelle et la juridicisation de la vie politique en droit positif congolais*, Paris, l'Harmattan, 2016.
25. PINTO R. et GRAWITZ M., *Méthodes des sciences sociales*, 4ième édition, Paris, Dalloz, 1971.
26. REDOR M-J., *De l'Etat légal à l'Etat de droit . L'évolution des conceptions de la doctrine publiciste française 1872-1914*, Paris, FUAM et Economica, 1992.
27. RIVERO J. et MOUTOUH H., *Libertés publiques*, P.U.F., Thémis, Paris, 9e éd., 2003.
28. ROUSSEAU D. *et alii*, *Droit du contentieux constitutionnel*, 11ème édition (entièrement refondue), Paris, LGDJ, 2016.
29. SINDJOUN L., *Les grandes décisions de la justice constitutionnelle africaine. Droit constitutionnel jurisprudentiel et politiques constitutionnelles au prisme des systèmes politiques africains*, Bruxelles, Bruylant, 2009.
30. VERPEAUX M., *La Constitution*, Paris, Dalloz, 2008.
31. VUNDUAWE te PEMAKO F., *Traité de droit administratif*, Bruxelles, Larcier, 2007.
32. YUMA BIABA L., *Manuel de droit administratif*, Kinshasa, CEDI, 2012.

III. Articles et contributions scientifiques

1. ADOUKI D. E., « Contribution à l'étude de l'autorité des décisions du juge constitutionnel en Afrique », *Revue française de droit constitutionnel*, 2013/3 n° 95.
2. AÏVO F. J., « La Cour Constitutionnelle du Bénin » in *Revue française de droit constitutionnel*, 2014/3 n° 99.
3. AIVO J. F.., « La Cour constitutionnelle du Bénin », *Nouveaux cahiers du Conseil constitutionnel*, n° 47-Avril 2015.

4. AKELE ADAU P., « Réponses pénales du discours du désordre ou au désordre du discours constitutionnel en République Démocratique du Congo : La Cour constitutionnelle à l'épreuve », *RADG*, Volume I, n° 2&3, 2014.
5. AKELE ADAU P. et DJOLI ESENG'EKELI J., « Enjeux de la démocratie en République démocratique du Congo : Questions fondamentales pour le politique chrétien catholique », *Liber amicorum Marcel Antoine Lihau (pour l'épanouissement de la pensée juridique congolaise)*, Bruxelles, Bruylant et PUC, 2006.
6. AKEREKORO H, « La Cour constitutionnelle et le bloc de constitutionnalité au Bénin », http//:afrilex.u-bordeaux4.fr/la-cour-constitutionnelle-et-le.html.
7. AKEREKORO H., « Entrer dans la joie de la démocratie libérale. A propos de la Décision DCC 11-047 du 21 juillet 2011 de la Cour Constitutionnelle du Bénin », *Droit et Lois*, Revue Trimestrielle d'Informations Juridiques et Judiciaires, n° 028.
8. BABACAR SARR, « La garantie des droits humains par le juge constitutionnel », http//:www.afrilex.u-bordeaux4.fr/droit-constitutionnel.html.
9. BALDE S., « Juge constitutionnel et transition démocratique. Etude de cas en Afrique subsaharienne francophone », *http://www.la-constitution-en-afrique.over-blog.com/article-juge-constitutionnel-et-transition-democratique-64902944.html.*
10. BASTIEN F., « La perception du Conseil constitutionnel par la classe politique, les médias et l'opinion », *Pouvoirs*, n° 105, Avril 2003.
11. BLACHÈR P., « Le conseil en fait-il trop ? », *Pouvoirs*, n° 105, Avril 2003.
12. BOLA F., « L'interprétation de l'article 70 de la Constitution, faut-il craindre la Cour constitutionnelle ? », *http://www.editions-*

harmattan.fr/auteur/article_pop.asp?no=3165&no_artiste=10190.

13. BOLLE S., « Des constitutions "made in" Afrique », *http://www.droitconstitutionnel.org/congresmtp/textes7/BOLLE.pdf.*

14. BOLLE S., «Vers une Cour constitutionnelle à la congolaise», *http://www.la-constitution-en-afrique.org/.*

15. BOLLE S., «Quelle Cour constitutionnelle en RD du Congo? », *http://www.la-constitution-en-afrique.org/.*

16. BOLLE S., « L'Etat de droit et de démocratie pluraliste au Bénin Bilan et perspectives », http//:www.la-constitution-en-afrique.over-blog.com/article-13784990.html.

17. BOSHAB E., « République Démocratique du Congo : Etat unitaire à régionalisation constitutionnelle ou fédéralisme assourdi ? », *Revue de Droit Africain*, numéro 7, juillet 1998.

18. BOSHAB E., « Les droits de la Constitution en Afrique subsaharienne », *L'état du droit en Afrique à l'orée de l'an 2000. Quelles perspectives* ? Bruxelles, Katholieke Universiteit Brussel (KUB), RDJA asbl, 1999.

19. CAPPELLETTI MAURO, « Nécessité et légitimité de la justice constitutionnelle », Revue *internationale de droit comparé*, Vol. 33 N°2, Avril-juin 1981.

20. CARLIER J-Y., « De l'Etat de droit à l'état des droits », journal *des procès,* N° 213, Bruxelles, 1932.

21. CHAMPEIL-DESPLATS V., « Le Conseil constitutionnel protecteur des droits et libertés ? », *Cahiers de la recherche sur les droits fondamentaux* », *http//:www.journals.openedition.org/crdf/5380 ? lang=en.*

22. CHEVALLIER J., « Bonnes mœurs et morale républicaine », *Centre de recherches administratives et politiques de Picardie*, Paris, PUF, 1994.

23. DIALLO IBRAHIMA, « À la recherche d'un modèle africain de justice constitutionnelle », Annuaire *international de justice constitutionnelle*, 20-2004, 2005.
24. DJOGBENOU J, « Le contrôle de constitutionnalité des décisions de justice : une fantaisie de plus ? », *http// : www.afrilex.u-bordeaux4/le-contrôle-de-constitutionnalite.html.*
25. DJOLI ESENG'EKELI J., « Le souverain primaire face à la Cour constitutionnelle », in *Congo-Afrique*, n° 526 juin-juillet-aout 2018, 58ième année, Kinshasa, CEPAS.
26. ERIEAU E., « Le juge constitutionnel face à l'exigence de moralisation de la vie politique : le pouvoir de destitution des élus pour corruption dans les démocraties émergentes », *Annuaire international de justice constitutionnelle*, 33- 2017, 2018.
27. FASSASSI I., « La légitimité de la justice constitutionnelle aux Etats-Unis d'Amérique face au « constitutionnalisme populaire » », *Annuaire international de justice constitutionnelle*, 23-2007.
28. FAVOREU L., « Modèle européen et modèle américain de justice constitutionnelle », *Annuaire international de justice constitutionnelle*, 4-1988, 1990.
29. FAVOREU L., « Droit de la Constitution et Constitution du droit », *RDP*, 1990.
30. FAVOREU L., « Bloc de constitutionnalité », DUHAMEL O. et MENY Y. (Dir.), *Dictionnaire constitutionnel,* 1ère édition, Paris, PUF, 1992.
31. FAVOREU L., « Le conseil constitutionnel et l'alternance », *Revue française de science politique*, 34e année, n°4-5, 1984.
32. FAVOREU L., « 1977, Année charnière : le développement de la saisine parlementaire et la jurisprudence relative aux libertés et droits

fondamentaux », *Revue du Droit Public et de la Science Politique en France et à l'étranger*, 1978.

33. FUNGA LUFE MOTEMA A-C., « Etat de droit et protection juridictionnelle des droits fondamentaux. Une lecture de l'arrêt R. Const. 356 de la Cour constitutionnelle de la République Démocratique du Congo, Kinshasa », *ACJC*, vol. 2, 2017.
34. KABANGE NTABALA C., « Quelle constitution pour la Troisième République face aux réalités zaïroises ? », *Annales de la Faculté de Droit*, vol. XXV, Kinshasa, PUZ, août 1996.
35. KALUBA DIBWA D, « le constitutionnalisme congolais : de la démocratie électorale à la démocratie constitutionnelle », *http://www.la-constitution-en-afrique.over-blog.com/article-de-la-democratie-electorale-a-la-democratie-constitutionnelle-54494462.html.*
36. KAZADI MPIANA J., « Cour constitutionnelle, motion de censure et garantie des libertés et droits fondamentaux à l'aune de l'arrêt Jean-Claude Kazembe, Kinshasa », *ACJC*, vol. 1, 2016.
37. KELSEN H., « La garantie de la Constitution (la justice constitutionnelle) », *R.D.P*, 1928, n° 5.
38. KPODAR A., « Controverse doctrinale », *Annuaire Béninois de Justice Constitutionnelle*, Dossier spécial, 21 ans de jurisprudence de la Cour constitutionnelle du Bénin (1991-2012), Presses Universitaires du Bénin, 2013.
39. KPODAR A., « Bilan sur un demi-siècle de constitutionnalisme en Afrique noir francophone », *http//: www.Afrilex.org.*
40. LUCHAIRE F., « Le Conseil constitutionnel régulateur de l'activité normative des pouvoirs publics », *Revue de Droit Public*, 1967.

41. LUCHAIRE F, « Le Conseil constitutionnel et l'alternance politique », *Revue française de droit constitutionnel*, n° 54, 2004.
42. LUMU MBAYA S., « Justice électorale en RDC : La Cour constitutionnelle s'arroge un étrange « pouvoir de régulation » de la vie politique et décide ultra petita. Commentaires de l'arrêt sous R. Const. 0089/2015 », *http://www.recef.org.*
43. MAMPUYA KANUNK'A-TSHIABO A., « Le respect des textes légaux comme problème d'éthique de gouvernance au Congo », *Revue de l'U.KA*, Volume 1, n. 1 (février 2013).
44. MARCOU G, « La notion juridique de régulation », *Actualité Juridique Droit Administratif*, 2006.
45. MBATA BETUKUMESU MANGU A., « La suprématie de la constitution, indépendance du pouvoir judiciaire et gouvernance démocratique en République Démocratique du Congo », *http//:www.idgpa.org.*
46. MEUNIER J., « Les décisions du juge constitutionnel et le jeu politique », *Pouvoirs*, n° 105, Avril 2003.
47. MIEL H., « Les lois organiques », *RDP*, mars-avril 1984.
48. MOLFESSIS N., « L'irrigation du droit par les décisions du Conseil constitutionnel » *Pouvoirs*, n° 105, Avril 2003.
49. MPONGO BOKAKO BAUTOLINGA, Le contrôle de constitutionnalité des lois sous l'acte constitutionnel de la transition du 09 avril 1994, *Annales de la faculté de Droit*, Vol XXV, Kinshasa, P.U.Z., 1996.
50. MVITA KALUBI R., « La nouvelle compétence de la Cour constitutionnelle fondée sur la protection des droits humains. Une lecture critique de l'arrêt R. Const. 0038 du 20 août 2015 », *Annuaire Congolais de Justice Constitutionnelle*, Vol. 2, 2017.

51. NABLI B., « fondements de la « moralisation-juridicisation » de la vie Politique », *Pouvoirs*, n° 154, 2015.
52. NDIAYE MOUHAMADOU, « La stabilité politique, nouveau défi démocratique du juge africain », *Annuaire international de justice constitutionnelle*, XXXIII-2017.
53. NICAISSE M., « La fonction régulatrice des juridictions constitutionnelles en Afrique francophone », *Annuaire international de justice constitutionnelle*, 23-2007, 2008.
54. OUEDRAOGO OSSEINI, « La limitation des droits fondamentaux par l'ordre public en droit constitutionnel béninois et burkinabè », *http//:www.afrilex.u-bordeaux4.fr/la-limitation-des-droits.html.*
55. POLLET-PANOUSIS S., « La Constitution congolaise de 2006 : petite-sœur de la Constitution française », Revue *française de droit constitutionnel*, 2008/3 (n° 75).
56. SOMA A., « La séparation des pouvoirs comme droit fondamental dans le constitutionnalisme contemporain », *http//:www.afrilex.u-bordeaux4.fr/la-separation-des-pouvoirs-comme.html.*
57. TCHAPNGA C. K, « Le juge constitutionnel, juge administratif au Bénin et au Gabon ? », *Revue française de droit constitutionnel*, 2008/3 (n° 75).
58. VEDEL G., « Excès de pouvoir administratif et excès de pouvoir législatif II », in *Cahiers du Conseil constitutionnel*, n° 2, Mai 1997.
59. VEDEL G., « La place de la Déclaration de 1789 dans le "bloc de constitutionnalité" », *La Déclaration des Droits de l'Homme et du Citoyen et la Jurisprudence*, Paris, Puf, 1989.
60. YATALA SOMWE C., « Commentaire de l'arrêt de la Cour Constitutionnelle du 08 septembre 2015 R.

Const.0089/2015 », http// : *www.constitution-en-afrique.org.*

IV. THESES DE DOCTORAT

1. BADET S.-G., *Contrôle intra normatif et contrôle ultra normatif de constitutionnalité. Contribution à l'identification des sous catégories du modèle kelsénien de justice constitutionnelle à partir des systèmes belge et béninois*, Thèse de doctorat en droit, Université Catholique de Louvain, 2011-2012.
2. GOZLER KEMAL, *Le pouvoir de révision constitutionnelle*, Thèse de doctorat en droit, Université Montesquieu - Bordeaux IV, 1995.
3. KALUBA DIBWA D., *Du contentieux constitutionnel en République Démocratique du Congo. Contribution à l'étude des fondements et des modalités d'exercice de la justice constitutionnelle*, thèse de doctorat en droit, Université de Kinshasa, année académique 2009-2010.
4. MBOKO DJ'ANDIMA J-M., *L'Etat de droit constitutionnel : ancrages constitutionnels et implications de réalisation en République démocratique du Congo*, thèse de doctorat, faculté de Droit, Université de Kinshasa, 2009-2010.
5. NGONDANKOY-ea-LONGYA P.-G., *Le contrôle de la constitutionnalité en République Démocratique du Congo. Etude critique d'un système de justice constitutionnelle dans un Etat à forte tradition autocratique*, Thèse de doctorat en sciences juridiques, Université Catholique de Louvain, 2008.
6. OMEONGA TONGOMO B., *Le contrôle juridictionnel de l'Administration et l'Etat de droit en République démocratique du Congo. Bilan et perspectives d'une justice en mutation*, Thèse de doctorat, Faculté de Droit

et faculté de Droit et science politique, Université de Kinshasa et Université de Liège, 2012.

V. Communications et autres documents

1. AIVO J. F., « Les juridictions constitutionnelles africaines et les crises : le cas du Bénin », Communication au 5ème Congrès de l'Association des cours constitutionnelles ayant en partage l'usage du français (A.C.C.P.U.F.), Cotonou, juin 2009.
2. BRETON J-M, « Trente ans de constitutionnalisme dans les pays d'Afrique noire francophone entre mimétisme et réception critique : Cohérences et incohérences (1960- 1990) », Communication au 6ème Congrès français de droit constitutionnel, Montpellier, 9-11 Juin 2005.
3. KALUSZYNSKI M., « La judiciarisation de la société et du politique », Allocution au Colloque RIAD PARIS du 21-22/09/2006.
4. KPODAR A., « Les juridictions constitutionnelles et les crises en Afrique noire francophone », Allocution au 5ème Congrès de l'Association des Cours constitutionnelles ayant en partage l'usage du français (A.C.C.P.U.F.), Cotonou, juin 2009.
5. PECH L., « Le remède au gouvernement des juges », Séverine BRONDEL, Norbert FOULQUIER et Luc HEUSCHLING (Dir.), Publications de la Sorbonne, 2001.
6. HOLO T., « L'esprit de la Constitution », Communication aux journées de réflexion sur la Constitution du 11 décembre 1990, 07 et 08 août 2006.

Table des matières

Structures éditoriales du groupe L'Harmattan

L'Harmattan Italie
Via degli Artisti, 15
10124 Torino
harmattan.italia@gmail.com

L'Harmattan Hongrie
Kossuth l. u. 14-16.
1053 Budapest
harmattan@harmattan.hu

L'Harmattan Sénégal
10 VDN en face Mermoz
BP 45034 Dakar-Fann
senharmattan@gmail.com

L'Harmattan Cameroun
TSINGA/FECAFOOT
BP 11486 Yaoundé
inkoukam@gmail.com

L'Harmattan Burkina Faso
Achille Somé – tengnule@hotmail.fr

L'Harmattan Guinée
Almamya, rue KA 028 OKB Agency
BP 3470 Conakry
harmattanguinee@yahoo.fr

L'Harmattan RDC
185, avenue Nyangwe
Commune de Lingwala – Kinshasa
matangilamusadila@yahoo.fr

L'Harmattan Congo
67, boulevard Denis-Sassou-N'Guesso
BP 2874 Brazzaville
harmattan.congo@yahoo.fr

L'Harmattan Mali
ACI 2000 - Immeuble Mgr Jean Marie Cisse
Bureau 10
BP 145 Bamako-Mali
mali@harmattan.fr

L'Harmattan Togo
Djidjole – Lomé
Maison Amela
face EPP BATOME
ddamela@aol.com

L'Harmattan Côte d'Ivoire
Résidence Karl – Cité des Arts
Abidjan-Cocody
03 BP 1588 Abidjan
espace_harmattan.ci@hotmail.fr

Nos librairies en France

Librairie internationale
16, rue des Écoles
75005 Paris
librairie.internationale@harmattan.fr
01 40 46 79 11
www.librairieharmattan.com

Librairie des savoirs
21, rue des Écoles
75005 Paris
librairie.sh@harmattan.fr
01 46 34 13 71
www.librairieharmattansh.com

Librairie Le Lucernaire
53, rue Notre-Dame-des-Champs
75006 Paris
librairie@lucernaire.fr
01 42 22 67 13

www.ingramcontent.com/pod-product-compliance
Lightning Source LLC
LaVergne TN
LVHW010924051026
849532LV00003B/831